한국의 염불수행

정 목(正牧) 지음

경서원
2001

서 문

한국적 정토신앙을 염원하면서

　불교에 입문하는 자는 누구든지 염불(念佛), 염법(念法), 염승(念僧)하는 마음으로부터 출발해야 한다.
　염불은 부처님의 상호를 생각하며, 대자대비한 공덕과 지혜광명으로 일체 중생을 제도하시는 부처님께서 자신을 보호하고 생각해 주신다고 염하여 안심(安心)을 얻는 것이다.
　염법은 부처님의 가르침을 생각하며, 이 법으로 자신의 번뇌를 소멸하고 미혹과 윤회로부터 해탈하여 영원한 자유를 얻을 수 있다고 확신하는 것이다.
　염승은 성문 연각 보살을 생각하며, 부처님의 가르침을 따르는 자는 지혜가 무한히 증장되어 중생을 구제하니 자신도 그렇게 되리라고 서원하는 것이다
　이 삼보(三寶)를 염하는 마음은 불도를 이룰 때까지 결코 놓아서는 않 된다. 그러므로 염불 염법 염승은 불교의 시작이요, 종극이다.

삼보를 염하는 가운데서도 염불이 으뜸이니 염불(念佛)은 불교(佛教)의 근본(根本)이다.

염불로써 신심(信心)을 일으키고 신심으로부터 안심(安心)을 얻어 어떠한 장애에도 흔들리지 않는 신심결정(信心決定)에 이르러야 참다운 수행이 가능해진다. 자신의 구원(救援)을 의심하지 않고 믿는 신심결정의 경지에 도달해야 참불자요, 창조적인 인간으로 거듭날 수 있다.

그러므로 보살을 염하거나 성중(聖衆)을 염하거나 어떤 선행(善行)을 닦더라도 염불로써 신심을 일으킨 후에 정진(精進)하여야 한다. 염불은 자성(自性)을 찾는 참선보다 앞서며 육바라밀행보다 앞선 선행(善行)이다. 염불은 모든 선행 가운데 최상의 선행이다.

불교가 종교(宗教)로 출발한 것도 염불하는 마음에서 비롯된 것이며 여러 종파(宗派)가 형성된 것 역시 근원적으로는 염불로 인해 부처를 찾는 방법을 달리한 것에 불과하다. 참선, 간경(看經), 주력(呪力), 육바라밀행 모두 부처를 찾는 방법이며, 그 주체가 자력(自力)이거나 타력(他力)이라 하더라도 마찬가지이다.

불법문중(佛法門中)에는 염불하여 부처를 찾으려는 사람들이 자신의 업력(業力)대로 다양한 교법(教法)에 따라 부처 찾는 일에 정진하고 있다. 이들은 자성불(自性佛)을 찾거나, 아미타불을 찾기도 하며 대일여래 혹은 비로자나불을 찾기도 한다. 때로는 먼저 여래의 화신인 보살을 찾기도 하고, 어떤 이는 화엄성중(華嚴聖衆)에 매달려 있기도 한다.

이처럼 근기(根機)에 따라 자기대로의 부처를 각각 찾아 정진하지만 오탁악세(五濁惡世)의 중생들이 가장 실천하기 쉬운 교법으로 부처를 만날 수 있는 길은 아미타불의 염불수행이라고 많은 경전과 조사스님들이 말씀하셨다. 이는 아미타불을 칭념(稱念)하여 그 공덕으로 부처님의 원력에 의지하여 정토에 태어나 그곳에서 성불하므로써 부처 찾는 수행을 마치게 하는 교법이다. 이러한 가르침을 정토신앙 또는 정토교라 하고 실천행으로써 염불수행을 펴 보이셨다. 그 사상과 수행의 방법에 대해서는 방대하지만 잘 타일러 상세히 설해 놓았다. 정토신앙과 염불수행은 대승불교권에서 널리 전파되었으며, 한국에서는 민중들 사이에 널리 실천된 것은 물론이고, 선교양종까지 다양한 방식으로 수용되어 사상과 실천면에서 지대한 비중을 차지하고 있다.

본인은 이러한 점을 간과하지 않고 염불수행이 종파형성 과정과 시대의 변천에 따라 구체적으로 어떻게 변화하고 실천되었는지를 살펴보고자 하였다. 그리하여 정토신앙과 염불수행이 대중불교, 민중신앙으로서의 가능성을 확인하고자 한 것이다.

민중들 사이에 뿌리 내린 전통신앙을 수용하되 애니미즘(animism)적 사고와 샤머니즘(shamanism)적 형태를 극복하고 스스로 주인이 되어, 대승불교를 실천하는 길이 정토신앙에 있다고 믿기 때문이다.

이 책은 먼저 한국의 불교전래와 종파형성 과정에 대하여 역사서에 근거하여 실었으며 정토교의 사상에 대해서는 간략히 논하였다.

한국의 정토신앙은 수용배경과 통합적 교단에서 이어지는 염불수행의 명맥을 나름대로 서술하였고 원효의 독특한 정토사상을 《유심안락도》에서 추려내어 실었다.

그리고 신라에서 고려, 조선시대를 면면히 이어져 온 염불수행의 실례를 최대한 수집하여 수록하였다. 또한, 군데군데 염불수행과 관련된 사상 및 역사적 배경을 실어 시대상황을 짐작할 수 있게 하였다.

염불수행의 사상과 실례를 모두 한국에서 전개된 것만을 실은 뜻은 한국적인 것이 친근하고 아름다울 뿐 아니라 한국의 정토신앙을 이해하여 그 창조적인 대안을 마련하고 싶은 염원에서이다.

오늘의 한국불교가 새롭게 태어나기 위해서는 시대와 근기에 상응하는 대중적 수행매체가 절실히 요구되고 있다. 염불은 불교의 근본이다. 그러므로 전통신앙과 조화된 아미타불의 염불수행이 철저히 이해되고 실천된다면 믿음이 견고하고 건전한 불자가 가득하여 21세기의 원효도 탄생될 수 있을 것이다. 선각자들의 사상과 염불수행을 모범으로 한국적 정토신앙과 염불수행이 전개되어 질적인 불교의 대중화가 이루어지길 기대하는 바이다.

불기 2545년(2001) 6월
　　소양강변 정토원에서
　　　　　　정　　목(正牧) 씀

차 례

서문
한국적 정토신앙을 염원하면서 / 7

1. **여래의 광명이 비춰지다** / 17
   1. 고구려의 불교전래 / 18
   2. 백제의 불교전래 / 21
   3. 신라불교와 이차돈 / 24

2. **종파형성의 어제와 오늘** / 31
   1. 교학의 다섯 종파, 오교 / 32
   2. 선종의 중심, 구산 / 35
   3. 오교양종 시대 / 39
   4. 선교양종 시대 / 42
   5. 선교통합의 조계종 / 49

3. **정토교의 사상과 지위** / 55
   1. 정토와 아미타불의 명의 / 56
   2. 근본경전과 내용 / 62
   3. 정토교의 지위 / 67

4. 한국의 정토신앙과 염불수행 / 71
   1. 정토교의 선각자 / 72
   2. 정토신앙의 수용배경 / 75
   3. 원효대사의 정토사상 / 83
   4. 통합불교 속의 염불수행 / 88

5. 신라시대 염불수행 / 95
   1. 혜숙스님과 미타사 / 96
   2. 무애인 원효 민중속으로 / 101
   3. 사복이 연화세계로 가다 / 105
   4. 광덕과 엄장의 염불수행 / 108
   5. 노힐부득과 달달박박의 성불 / 111
   6. 백성을 감동시킨 염불스님 / 118
   7. 다섯 비구의 왕생설 / 119
   8. 발징스님의 만일염불회 / 120
   9. 계집종의 염불왕생 / 123

6. 고려시대 염불수행 / 127
   1. 태조의 훈요와 불교 / 128
   2. 나무아미타불 50년 정근 / 131

3. 진억스님의 수정결사 / 134
   4. 원묘국사의 백련결사 / 136
   5. 진각국사의 효성염불 / 140
   6. 무기의 서민적 정토사상 / 142
   7. 나옹화상 서왕가와 승원가 / 151

7. **조선시대 염불수행** / 157
   1. 기화의 염불향사와 정토사상 / 158
   2. 서산대사의 염불수행관 / 164
   3. 현씨의 신심과 염불 / 170
   4. 묘련법사의 관세음보살 강림설법 / 173
   5. 미타계와 만일회가 성행하다 / 175
   6. 범어사의 미타계와 만일염불회 / 178
   7. 경성(서울)지역 만일염불회 / 180
   8. 한용운, 가짜 염불을 경고함 / 185
   9. 통도사 염불만일회 / 188
   10. 해인사 만일염불회 / 197
   11. 선. 교. 염불 3종이 분리되다 / 200
   12. 설법도중 나무아미타불을 제창하다 / 202

1. 여래의 광명이 비춰지다

지심귀명례
서건(西乾) 동진(東震) 급아해동(海東)
역대전등 제대조사 천하종사 일체미진수
제대선지식

　인도로부터 동쪽으로 흘러 저희 나라 해동에 이르도록 대대로 여래의 광명을 전하신 여러 큰 조사님 천하의 종사님 일체의 수많은 대선지식께 지극한 마음으로 귀의하여 예배드리옵니다.

1. 고구려의 불교전래

고구려(BC.37~AD.668 : 28대 705년)

북부여 주몽(朱蒙) 동명왕(東明王)이 기원전 37년에 건국하였다.

15대 미천왕 14년(313)에는 420여 년간이나 주둔한 낙랑군과 그 남쪽의 대방군을 정복하여 중국의 세력을 완전히 축출하였다.

28대 보장왕 27년(668) 9월 나당연합군에 의해 멸망하였다.

인류의 성인이신 우리 석가모니 부처님이 열반(BC.544년 2월15일)하신지 600여 년이 지난 후에 그 가르침이 중국에 전해지고(불기 609년, 서기 65년) 그로부터 300여 년이 흐른 뒤 해동의 고구려에 여래의 광명인 불법이 전해졌다. 이때는 고구려 17대 소수림왕 2년이 되는 서기 372년이었다.

〈삼국사기〉 고구려 본기

소수림왕 2년(372)
 여름 6월에 진나라(전진)왕 부견이 사신과 승려 순도(順道)를 보내어 불상과 불경을 전하니 왕은 사신을 보내어 회답으로 감사해 하며 토산물을 전하였다.

소수림왕 4년(374)
 승려 아도가(진나라에서) 왔다.

소수림왕 5년(375)
 2월에 처음으로 성문사(省門寺)를 창건하여 순도스님을 머물게 하고 또 이불란사를 세워 아도스님을 머물게 하니 이것이 해동 불법의 시초였다.

고국양왕(18대) 8년(391)
 3월에 교지를 내려 불교를 받들고 믿어서 복을 구하라 하고 관리에게 명하여
 국사(國社)를 건설하고 종묘(宗廟)를 수리하게 하였다.

〈삼국유사〉

　　광개토왕 2년(392) 8월, 평양에 9개의 사찰을 창건하였다.
　　6년(396)에는 진(晋)나라 승려 담시가 요동 지방에 와서 포교활동을 하였다.

　이와 같은 기록들로 보아 고구려는 불교가 전래된 초기부터 불법이 활발하게 전개되었음을 알 수 있다. 그러나 이러한 활동 이전에 고국원왕대(331~370)에 동진의 승려 지둔도림(314~366)이 고구려 도인에게 서신을 보내 동진의 승려 축잠(286~374)의 덕을 칭찬하였다(한국사 고대편)고 하였으니 불교가 공인된 372년 전에 이미 고구려 사회에 불법이 행해지고 있었던 것으로 짐작할 수 있다.

2. 백제의 불교전래

백제(BC.18~AD.660 : 31대 678년)
　온조왕(溫祚王)이 건국하였다. 온조는 고구려 태조 동명왕의 셋째 아들이다. 첫째는 이복형으로 뒤늦게 나타나 태자로 책봉되니 둘째형 비류와 함께 남쪽으로 내려 왔다. 형과 헤어져 한산(漢山:경기도)에 도읍을 정하고 BC.18년 백제를 건국하였다. 660년 신라에 의해 멸망하였다.

　백제는 고구려가 중국의 강북으로부터 불교를 받아드린 것과는 달리 강남의 동진(東晋)으로부터 불교가 전래되었다. 동진은 당시 불교를 가장 깊이 신봉한 효무제대(373~396)로 불법이 성행하였다. 백제에 불교가 전래된 때는 침류왕(15대)원년인 384년이었다.

《삼국사기》 백제본기

침류왕 원년(384)
9월에 호(胡)의 승려 마라난타(인도의 승려라고 함)가 진나라에서 들어오자 왕이 그를 맞이하여 궁중에 머물게 하고 예경하니 불법이 이로부터 시작되었다.

침류왕 2년(385)
2월에 한산(漢山:경기도)에 절을 세우고 10명의 승려를 두었다.

《삼국유사》

아신왕(17대) 원년(392) 2월에 왕이 교지를 내려 불법을 숭상하고 믿어 복을 구하라 하였다.

백제는 침류왕이 불법을 맨 처음 받아드렸으며 그 아들인 아신왕도 부왕의 영향을 받아 불교에 대하여 적극적인 지원을 아끼지 않았다.
백제도 불교의 전래 당시는 왕실에서 적극적으로

보호 지원하고 민중에게 권장하였으니 초기의 성행을 가히 짐작할만 하다.

그러나 초기에는 백제와 고구려 사이에 전란이 계속되었고 475년에는 고구려에 의해 도읍지였던 한성이 함락되어 도읍을 지금의 공주로 옮겨야 했다. 이러한 상황에서 민심은 안정될 수 없었을 것이고 불교 역시 성행하기 어려웠을 것이다. 백제 초기의 불교에 대한 사료가 빈약한 것도 그 시대의 정황을 반영하는 것으로 볼 수 있다.

3. 신라불교와 이차돈

신라(BC.57~AD.935 : 56대 992년)
　박혁거세(朴赫居世)가 육부 촌장의 추대로 왕위에 올라 건국하였다.
　무열왕대(29대 : 654~661)에 국가의 총력을 기울여 통일의 대세를 마련하고 문무왕대(661~681)인 660년 백제를, 668년에는 고구려를 함락시켰다. 그후 당나라의 세력도 축출하여 완전한 삼국통일을 이룩하였으나 935년 고려에 병합되었다.

　신라에서 불교를 국가적으로 공인하여 받아드린 때는 법흥왕(23대) 14년인 527년이라고 한다. 이는 이차돈의 순교를 계기로 이루어진 것이다. 그러나 불교가 공인된 이전에 신라사회에 불법이 행해지고 있었다는 기록들이 전해져 온다. 《삼국유사》에 의하면 소지왕 10년(488)에도 궁중의 내전에 향을 피우며 수도하는 스님이 있었다고 전한다. 특히 《삼국사기》

법흥왕조에는 김대문의 《계림잡전》을 인용하여 불교 전래 초기의 상황을 전해 주고 있다.

〈삼국사기〉 법흥왕조

앞서 눌지왕(417~458) 때에 묵호자라는 스님이 고구려로부터 일선군(지금의 선산)에 오니 이 군에 사는 모례라는 사람이 자기 집에 토굴을 짓고 그를 모셨다.

그때 마침 양나라에서 사신을 신라에 보내어 의복과 향을 주었다. 여러 신하들이 그 향의 이름과 그것의 쓰임새를 알지 못하여 사람을 시켜 향을 가지고 돌아다니며 물었다. 묵호자가 이를 보고 말하기를 "이것을 사르면 향기가 아름답게 퍼져 신성(神聖)에게 정성을 통할 수 있다. 이른바 신성이란 삼보(三寶)에서 더 벗어날 것이 없으니 삼보는 첫째 불타(佛陀)요, 둘째 달마(達磨)요 셋째 승가(僧伽)이다. 만일 이를 사르면서 축원을 드리면 반드시 영험이 있으리라"하였다.

이 때 마침 왕의 딸이 갑자기 병으로 위독하여 왕이 묵호자로 하여금 향을 사르고 축원을 올리게 하였더니 병이 얼마있지 않아 낫게 되었다. 왕이 매우 기뻐하며 예물을 후하게 주었다. 묵호자는 나와서 모례에게 얻은 선물을 주면서 말하기를 "나는 이제 갈 곳이 있다"하고
작별을 청하더니 얼마되지 않아 간 곳을 모르게 되었다.
소지왕(479~500) 때 이르러서는 아도라는 스님이 시자 3명과 더불어 역시 모례 집에 왔었는데 그의 모습이 묵호자와 비슷하였고 수년 동안 돌아다니다가 앓지도 않고 죽었다. 그의 시자 3명이 남아 있으면서 경률을 강독하니 종종 신도가 생기게 되었다.

이차돈의 순교

(위와 같은 사건이 있었고 세월이 흐른 후에)
법흥왕(514~540)도 또한 불교를 일으키려 하니 여러 신하들이 믿지 않고 입으로 떠들기만 하므로 왕은 주저하였다. 이때 가까운 신하 이차돈(성은 박씨, 법흥왕의 종질)이 말하였다. "청하오니 신의 목을 베어 여러 사람들의 의론을 정하소서"하니
왕이 말하였다. "본래 도를 일으키려 함인데 죄없는 사람을 죽일 수는 없다"고 하였다.

이차돈이 대답하였다. "만일 도가 행해질 수 있다면 신은 죽어도 유감이 없소이다"하였다.

왕은 이에 여러 신하들에게 물으니 모두 말하기를 "지금 보건데 승려들은 머리를 깎고 이상한 옷을 입고 말하는 것이 기이하며 거짓스러워 보통의 도가 아니옵니다. 지금 만일 이것을 그대로 둔다면 혹 후회가 있을지 모릅니다. 신들은 비록 중죄를 입을지라도 감히 어명을 받들지 못하겠습니다"하였다.

그러나 이차돈만은 홀로 말하기를 "지금 여러 신하들의 말은 옳지 못합니다. 대개 비상한 사람이 있은 연후에 비상한 일이 있는 법입니다. 듣건데 불교는 그 뜻이 깊다 하오니 가히 믿지 않을 수 없습니다" 하였다.

왕이 말하기를
"여러 사람들의 말은 깨뜨릴 수 없고 너 혼자 의론이 다르니 둘 다 쫓을 수는 없다"하였다.

드디어 그를 형리에게 맡겨 장차 목을 베려하니 이차돈이 죽음에 임하여 말하였다.

"나는 불법을 위하여 형을 받겠으나 부처님이 만일 신령함이 있다면 내가 죽은 뒤에 반드시 이상한 일이 있으리라"하였다.

그의 목을 베니 잘라진 곳에서 피가 용솟음

치는데 핏빛이 젖과 같이 희었다. 여러 사람들이 보고 괴상히 여겨 다시는 불사(佛事)를 반대하지 않았다.

법흥왕 16년(529) 령을 내려 살생을 금하게 하였다.

가락국(42~562)의 불교

〈삼국유사〉 가락국기조

시조 김수로왕의 8대손 질왕이 시조모(始祖母) 허황후를 위해 452년 수로왕과 허황후가 결혼한 곳에 절을 짓고 왕후사(王后寺)라 하였다.

신라는 불교를 공인한 전후의 시대에 삼국간의 견제와 국내 세력간의 갈등으로 인해 정치 사회적으로 불안한 상태였다. 이러한 상황에서 불교의 도입은 안으로는 문화와 사상의 재창출을 시도하는 계기가 되고 밖으로는 당나라의 원조를 얻어 정치적 안정을 도모할 수 있는 절호의 기회였다.

그리하여 많은 유학 승려들을 통해 새로운 문화와

다양한 불교사상을 도입하는데 매우 적극적이었다. 결국 신라의 불교는 국가의 정치 사회적 안정에 기여하여 삼국통일의 기반을 마련하는 역할에 공헌하였다. 이와 같이 국가와 민중의 신뢰 그리고 승단의 정진 속에 신라불교는 인류역사에 빛나는 문화와 사상을 창조할 수 있었던 것이다.

불교의 성쇠와 국가의 흥망을 돌이켜 볼 때 인과의 법칙은 역사의 흐름 속에 뚜렷이 새겨지고 있음을 교훈 삼아야 할 것이다.

2. 종파형성의 어제와 오늘

　부처님이 성도하신 후 삼칠일(21일)동안 깨달음의 지혜를 드러내신 화엄경을 설하시고
　녹야원을 시초로 12년 동안 아함경을 설하시고
　8년 동안 유마경 사익경 승만경 등 방등경을 설하시고
　21년 동안 반야경을 설하시고
　8년 동안 법화경, 최후의 1일 1야에 열반경을 설하셨네.

1. 교학의 다섯 종파, 오교(五敎)

불교는 삼국의 어느 나라에서든지 왕실의 공인으로 도입되어 위로는 국가의 보호를 받고 아래로는 민간신앙과 접목되면서 친근하게 되어 점차 이국적 이질성을 극복해 나아갔다.

그리하여 기존의 문화와 사상에 변화를 일으키며 곳곳으로 전파되었다. 특히 신라는 삼국통일을 전후한 시기에 교학이 크게 발전하였는데 도의(道義)선사가 귀국(821년)하여 선종이 전해지던 시기까지 지속되었다.

대개 신라시대부터 고려 중기까지 존속하고 성행하던 교학을 일반적으로 오교(五敎)라고 부른다. 그런데 이 오교라는 다섯 학파의 이름을 말하는 데는 여러 가지 주장이 있으나 대각국사 의천(義天)의 묘지명에는 이렇게 기록하였다.

"당시의 불교를 배우는 것에 계율종(戒律宗) 법상종(法相宗) 열반종(涅槃宗) 법성종(法性宗)

원융종(圓融宗) 선적종(禪寂宗)이 있는데 국사는 이 6종을 모두 연구하고 배워 극치에 이르렀다"

라고 하였다.

이러한 내용으로 보아 고려 중기 당시에 선종인 선적종을 제외한 위의 다섯 학파를 오교라고 불렀던 것으로 보인다. 고려는 신라불교의 대부분을 받아드렸기 때문에 오교 역시 신라에서부터 지속적으로 이어져 온 학파이다.

신라에서 교학이 성행하던 시기는 시대적으로 이미 소승과 대승의 경전 및 종파형성이 완성되었던 시기이다. 더욱이 당시의 중국 불교계에는 13개의 종파가 있었다고 하므로 대부분 도입되어 연구하였을 것이라는 점은 의심할 여지가 없다.

그러나 여기서 말하는 오교는 신라시대부터 지속되어 오면서 고려 중기 당시에 성행하던 종파를 대표적으로 가리키는 것이다. 그러므로 이 외의 밀교 정토종 혹은 일시적인 학파 등이 없었다고 말할 수는 없다. 또한 오교는 교단을 형성한 조직적 종단이 아니라 교학적 학파를 분류한 것이다.

아무튼 신라시대부터 고려 중기까지 지속되고 성행한 학파를 오교라고 부르게 되었으며 그것은 일반적으로 계율종 법상종 열반종 법성종 원융종이라 말하고 있다. 오교는 교종(敎宗)으로서 선종(禪宗)에 상대해서 부르는 말이다.

　교종은 부처님이 말씀하신 경전의 가르침을 내용별로 분류하여 연구하고 그것을 근거로 수행의 지침서로 삼는다는 것이다. 하나의 가르침 아래 여러 종파가 형성되었다고 하지만 그것은 각기 근기가 다른 중생들을 위하여 부처님의 진정한 뜻을 전하고자 연구하고 탁마한 수행의 결실이라고 해야 할 것이다.

2. 선종의 중심, 구산(九山)

신라시대는 교학의 성행에 이어 당나라로부터 선법이 전해진 이후 선종(禪宗)이 발전하게 되었다. 이 선종이 뿌리를 내려 산문(山門)을 형성한 아홉 곳의 이름을 들어 구산(九山) 혹은 구산선문(九山禪門)이라 부른다.

신라에 선법을 최초로 전한 것은 법랑(法朗)스님이 제4조 도신(道信 580~651)으로부터 전법하여 온 것이라 하나 그 전기가 명확하지 않다.

그리하여 신라 선종성립사를 말할 때는 도의(道義)국사로부터 출발한다. 도의국사는 선덕왕 5년인 784년에 당나라에 들어가 구족계를 받고 마조도일의 문하인 강서 홍주 개원사(開元寺) 서당지장(西堂智藏:735~814)으로부터 심인(心印)을 받았다.

그후 백장회해를 참견한 후 헌덕왕 13년인 821년에 귀국하였다. 도의국사가 당나라에 머문 것은 40여 년이나 되었다. 도의국사는 귀국하여 교학에 몰두하고 있는 불교계의 현실에서 뜻을 펴지 못하고 은거

생활을 하다가 염거화상(~844)에게 법을 전하였다.

도의국사의 귀국 후에도 여러 선사들이 선법을 전해 와서 산문을 개창하였는데 다음과 같은 구산선문이 대표적인 것이었다.

구산선문
①가지산(전남 장흥 보림사) 개조: 도의국사
서당지장에게서 도의국사가 법을 전해 받고 염거화상(~844)에 이어 체증(804~880)이 861년 개산하였다.

②실상산(전북 남원 지리산 실상사) 개조: 홍척
서당지장으로부터 홍척이 심인을 받고 홍덕왕(826~836)때 귀국하여 828년경 개산하였다. 최초의 개산으로 보여진다.

③동리산(전남 곡성 태안사) 개조: 혜철
혜철(785~861)은 814년에 입당하여 서당지장으로부터 심인을 받고 839년에 귀국하여 개산하였다. 문하에 풍수지리설로 유명한 도선국사(821~898)가 있다.

④봉림산(경남 창원 봉림사) 개조: 현욱
현욱(787~868)은 824년에 입당하여 마조도일의 문하인 장경회운의 법을 이어 837년에 귀국하였다. 제

자 심히가 개산하였다.

⑤사자산(강원도 영월 흥령사) 개조 : 도윤
도윤(798~868)은 825년에 입당하여 마조도일의 문하 남천보원의 법을 이었다. 847년에 귀국하였고 제자 절중이 개산하였다.

⑥사굴산(강원도 강릉 오대산 굴산사) 개조 : 범일
범일(810~887)은 흥덕왕때 입당하여 마조도일의 문하 염관제안의 법을 이어 847년에 귀국하여 851년 개산하였다.

⑦성주산(충남 보령 성주사) 개조 : 무염
무염(800~888)은 821년경 입당하여 마조도일의 문하 마곡보철에게서 심인을 받고 845년에 귀국하여 847년경 개산하였다.

⑧희양산(경북 문경 봉암사) 개조 : 도헌
도헌(824~882)은 입당하지 않고 제4조 도신 법랑 신행 혜은 지선으로 이어지는 법맥이다. 881년 봉암사를 창건하였다. 제3조가 되는 경양이 935년 봉암사를 중창하여 크게 선풍을 떨쳤다.

⑨ 수미산(황해도 해주 수양산 광조사) 개조 : 이엄

이엄(870~936)은 896년에 입당하여 동산양개의 문하인 운거도응의 법을 이어 911년에 귀국하였다. 932년 고려 태조가 광조사를 지어 주석케 하니 여기서 수미산의 개산이 이루어졌다.

구산선문은 도의국사가 귀국한 821년부터 수미산문이 개창된 932년(고려 태조 15년)까지 약 112년간에 걸쳐 여러 선사들이 선풍을 진작하려는 신념과 실천으로 성립되었다. 신라시대부터 고려시대에 이어지는 선종의 성립은 구산선문만 있었던 것은 아니다. 중국에서 나누어진 선종의 여러 계파로부터 선법을 전수하여 귀국한 후 구산 외의 곳에서도 선문을 개창하였다.

그러나 신라 하대 선종의 성립단계에서 역사적인 사실과 규모 그리고 당시의 성행을 고려하면 구산선문이 선종성립사의 중심에 위치하였음은 부인할 수 없는 일이다. 돌이켜 보면 신라 불교의 발전과 결실은 민족문화와 사상의 차원을 한층 드높였을 뿐 아니라 불교의 두 축이 되는 교리와 실천 그리고 교와 선의 의미와 방향을 분명하게 제시한 오교구산(五敎九山)이라는 이름을 뚜렷하게 남긴 것이라 하겠다.

3. 오교양종(五敎兩宗)시대

　신라시대 교학이 성행한 이후 고려 중기까지의 불교를 통칭하여 오교구산(五敎九山)이라 불러 왔다. 오교구산은 교종의 오교와 선종의 구산선문을 일컫는 것이다. 그런데 고려 중기 이후에는 다시 오교양종(五敎兩宗)이라 부르게 되었다.
　오교양종이라는 말은 고려 원종(1259~1274) 이후에 많이 사용하게 되었다. 이 시기는 이미 대각국사 의천(義天 1055~1101)이 천태종(天台宗)을 성립시켰으며 보조국사(1158~1210)가 수선사(修禪社)를 창설(1200년)한 이후이다. 그렇다면 이러한 시기에 부르게 된 오교양종은 무엇을 말하는 것일까. 물론 교종과 선종을 함께 지칭하는 것이겠지만 구체적으로 어떠한 종파를 가리키느냐 하는 것이다.
　여기서 고려 중기에 새롭게 등장한 천태종에 대해서 알아 볼 필요가 있을 것이다. 천태종은 의천이 성립시켰으나 스스로는 그 사상을 널리 펴지 못하고 독립된 종파로 탄생한(1099~1101년경) 후 얼마있지 않아 입적(1101)하였다.

그러나 100년 후 요세(1063~1245)가 전남 강진의 만덕사지에 백련사를 중창하고 (1211년) 천태종의 수행도량으로 운영하면서 다시 법을 전파하게 되었다. 그 후 천인 원완 천책스님으로 이어지면서 교학과 실천문을 널리 보급하였다.

천태종은 법화경의 회삼귀일(會三歸一)사상을 근거로 하여 교학과 선문을 동시에 체계화 하였다. 교학적인 면에서는 화엄종과 대등하게 체계화 하고 실천문에 있어서는 조계종과 대등한 선문으로 하여 교관일치(教觀一致)사상을 본지(本旨)로 성립되었다. 그러므로 교학의 체계화에 치중한 교종이나 불입문자(不立文字)를 표방하는 선종과도 구별된다.

천태종의 이와 같은 특징 때문에 기존의 오교와는 다르게 인식되었으며 오히려 선종과 대등하여 성립 초기에는 선종의 승려들이 대부분 천태종으로 옮겨가는 상황이 초래되기도 하였다. 당시의 천태종이 강력한 세력을 구축하고 있었던 점을 미루어 보면 오교양종에서 말하는 양종이란 천태종과 조계종을 가리키는 것으로 보아야 할 것이다. 선종으로서의 조계종 역시 구산선문이 대체된 명칭이거나 보조국사의 수선사(修禪社)를 지칭하는 것으로 보아서는 않되며 그렇다고 중국의 육조선맥을 말하는 것도 아니다. 조계종은 당시에 성행하던 선종의 통칭으로 보아야 한다.

결국 고려시대에 말하는 오교양종(五敎兩宗)은 기존의 계율종, 법상종, 열반종, 법성종, 화엄종(원융종)의 다섯 교종과 새롭게 등장한 천태종 그리고 선종으로서의 조계종을 가리키는 것이다.

결론적으로 오교양종은 신라시대 교학이 성행하던 시기부터 지속되어 온 교학의 오교(五敎)와 고려 중기에 선교를 통합하고자 성립되었던 천태종(天台宗) 그리고 선종으로서의 조계종(曹溪宗)이니 고려 중기 이후의 불교를 통칭하는 대명사라 할 수 있다. 이 오교양종의 상황은 천태종의 성행과 더불어 조선 초기까지 지속되었다.

4. 선교양종(禪敎兩宗)시대

조선 태종대(1401~1418)의 통폐합

조선시대 최초로 배불정책을 단행한 사람은 태종이다. 1405년부터 불교탄압을 실시하였는데 승려의 환속, 사찰내 노역 하층민의 군정소속, 사찰토지 및 전답의 국유화, 도첩제실시, 왕사 국사제도의 폐지, 왕릉에 사찰을 세우는 관습 폐지 등이었다.

(조선왕조실록)을 살펴보면 불교탄압의 실상을 자세히 알 수 있다.

태종 6년(1406) 3월 27일
의정부에서 선종과 교종의 각 종파를 합쳐서 남겨 둘 사찰을 정하자고 요청하였다. 보고한 내용은 다음과 같다.

"본 부(府)에서 일찍이 지시 받은 것은 고려 (밀기(密記))에 기록되어 있는 비보사찰과 지방 각 고을의 (답산기(踏山記))에 실려 있는 사찰 가운데 새 수도와 옛 수도에서는 오교양종(五敎兩宗)에 각각 하나씩을, 지방의 목(牧)·부(府)에는 선종과 교종 각각 하나씩을 그리고 군(郡)·현(縣)에는 선종과 교종 가운데 하나씩의 사찰을 잘 가려서 남겨두도록 하라는 것이었습니다.<중략>

그리고 조계종(曹溪宗)과 총지종(摠持宗)을 합하여 70개의 사찰을 남겨 두고, 천태소자종(天台疏字宗)과 천태법사종(天台法事宗)은 합하여 43개의 사찰을 남겨 두고, 화엄종(華嚴宗)과 도문종(道門宗)은 합하여 43개 사찰을 남겨 두고, 자은종(慈恩宗)은 36개의 사찰을 남겨 두고, 중도종(中道宗)과 신인종(神印宗)은 합하여 30개의 사찰을 남겨 두고, 남산종(南山宗)과 시흥종(始興宗)은 각각 10개의 사찰을 남기도록 하십시오."<중략>

위의 내용으로 보면 조선 초기 당시에 오교양종에 11개 종파가 있었는데 불교개혁을 계기로 이들 가운데 232개의 사찰만을 중심 도량으로 남겨 두기로 건의하였다는 것이다. 여기서 고려 중기부터 사용해 오던 오교양종이라는 용어는 조선 초기까지 지속되었으며 그 동안에 천태종의 성행과 분파 그리고 기존 종파의 쇠태와 새로운 종파의 성립을 단편적으로나

마 알아 볼 수 있게 한다.

태종7년(1407) 12월 2일

  의정부에서 전국의 유명한 사찰로써 여러 고을의 자복사(資福寺:각 고을에서 복을 비는 절)로 삼기를 요청하자 그대로 따랐다. 보고한 내용은 다음과 같다.
  "지난 해에 사찰을 혁파할 때 삼국시대 이래의 가람들이 도리어 없애버릴 사찰 명단에 들어 있는가 하면, 퇴락된 사찰에 주지를 임명하는 일도 간혹 있었으니 승려들이 어찌 원망하는 마음을 품지 않겠습니까, 만일 경치 좋은 곳의 대가람을 택하여 퇴락한 사찰을 대신하게 한다면 승려들도 대체적으로 거주할 곳을 얻게 될 것입니다" 하였다.
  그리하여 여러 고을의 자복사를 모두 명찰로 대체하였다.

  (조선왕조실록)의 내용을 구체적으로 살펴보면 당시에 자복사라는 이름을 빌어 중심 도량에서 제외되었던 사찰을 종파별로 추가로 선정하여 구제하였다는 것이다. 그리고 이 때는 지난해와 달리 11개의 종파가 다시 개편되어 7개의 종파명만 남아 있으니 그

사이에 종파를 축소한 것으로 보인다. 남아있는 7개의 종파는 조계종, 천태종(소자종, 법사종), 화엄종(화엄종, 도문종), 자은종, 중신종(중도종, 신인종), 총남종(총지종, 남산종), 시흥종이다.

태종대의 타율적이고 무력적인 불교탄압은 불교의 상식도 갖추지 못한 채 종교의 자율권을 유린하는 행위로 종파의 통폐합을 제멋대로 행하고 사찰로부터 승려들을 쫓아내는 일을 수없이 자행하였다.

세종대(1419~1450)의 선교양종

태종대에 이어 세종대에도 불교 종파의 통폐합은 계속되었다. 세종대에 이르러서는 그 강도가 더욱 심하여 모든 종파는 선종과 교종 즉 선교양종(禪敎兩宗)의 이름 안에 귀속되어 구체적인 종파명은 사라지게 되었다. 《왕조실록》을 통해 그 과정을 살펴 보겠다.

세종 6년(1424) 4월 5일
예조에서 아뢰었다.
"불교에는 선(禪) 교(敎) 양종만 있었을 뿐인데, 그 후 정통으로 이어오거나 방계로 내려오면서 각각 하는 일에 따라 7종으로 나누어졌습니다. 잘못된 것을 전하고 이어 받는 동안에 근본에서 멀어진 탓에 아래로 내려 갈수록 더욱더 여러 갈래로 분파되었으니 실로 그 스승의 도에 부끄러운 노릇입니다.

또 서울과 지방에 사찰을 많이 조성하여 각 종파에 포함시켰는데, 그 수효는 엄청나게 많지만 승려들은 여기저기 흩어져서 절을 비워놓은 채 살지도 않고 계속 수리도 않으므로 점차 허물어져 가고 있습니다.

바라옵건데 조계종 천태종 총남종 3개 종파를 합쳐서 선종으로 하고, 화엄종 자은종 중신종 시흥종 4개 종파를 합쳐서 교종으로 만드십시오.

서울과 지방에서 승려들이 거처할만한 곳을 가려서 36개의 사찰만 두어 두 종파에 나누어 소속시키십시오, 토지를 넉넉히 주고 거기에 있을 승려들을 적당히 배정하며, 대중생활의 규칙에 맞춰 불도를 정밀하게 닦게 할 것입니다.

또 승록사를 없애는 대신에 서울에 있는 흥천사(興天寺)를 선종도회소(禪宗都會所)로 삼고, 흥덕사(興德寺)를 교종도회소(敎宗都會所)로 삼을 것입니다.

나이도 많고 행실도 점잖은 승려를 골라서

두 종파의 행수(行首:대표자)와 장무(掌務:총무역할)로 삼아서 승려들 내부의 일을 살피게 할 것입니다"라고 하였다.

세종이 위의 요청대로 따르니 종파의 통폐합이 단행되었다. 조선초기까지 오교양종의 11개 종파는 태종대에 이르러 7개 종파로 축소되고 다시 세종대에는 선교양종 두 종파만 남게 되었다. 그러므로 조계종 혹은 화엄종이라 하여도 이름과 뜻에 맞는 명분을 갖을 수 없게 되었다. 종파의 가르침과 법맥이 실제한다 하여도 제도와 형식상에는 오직 선종과 교종 두 이름만 있을 뿐이었다. 수행의 중심 도량도 태종대의 232개 사찰 및 각 지방의 자복사를 포함한 것에 비하면 비교가 되지 않는다.

전국의 사찰 가운데 선종 18개, 교종 18개 만을 중심 도량으로 정하고 나머지는 이 사찰들의 지배하에 두도록 하였으나 사실은 관청의 관리를 받게 되었다. 이로 인해 자율권이 박탈되었을 뿐 아니라 지방관청의 감독과 횡포는 두말할 여지가 없었다. 이와 같은 불교에 대한 자율권 박탈, 억압의 상황은 조선조 말까지 계속되었다.

선조대(1568~1608)의 총섭

1592년(임진) 임진왜란이 일어나자 서산대사를 선교16종도총섭(禪敎十六宗都摠攝)으로 임명하였다. 그 후 남한산성과 북한산성에 총섭을 나누어 두었으므로 이것을 남북한총섭이라 불렀다.

이 총섭은 불교승정(佛敎僧政)을 통할하기 위하여 설치하였다는 것보다 전국의 승병을 통할하기 위하여 둔 것이다.

당초의 동기야 군정에 있었던지 승정에 있었던지 총섭이 전국 승려들을 총지휘하는 것만은 사실이었다. 이 때부터 선교양종은 이름 뿐이고 조선불교는 통합된 체제가 되었다.

서산대사(청허휴정: 1520~1604)는 호를 '겸판선교대선사(兼判禪敎大禪師), 판대화엄종사판대조계종사, 팔도16도총섭'이라 하였다. 이러한 법풍은 조선 후기까지도 계속되어 선교양종규정도총섭, 선교양종정사(禪敎兩宗正事), 조계종사화엄강백 등으로 호칭하였다.

이는 조선불교가 무종파의 통불교(通佛敎)였음을 말해 주는 것이다. 이를 부종수교(扶宗樹敎)라 하기도 한다.

5. 선교통합의 조계종

원종(圓宗) 창립

1908년 3월 6일 서울 원흥사(元興寺)에 원종 종무원이 설립되었다. 각 사찰 대표자 52명이 모여 원종 종무원을 설립하고 이회광을 대종정으로 추대하였다.

원종의 의미는 원융무애라는 뜻이라 하기도 하고 선교겸수종문을 표방한 것이라고도 하였으나 뚜렷한 근거를 찾을 수 없다.

임제종(臨濟宗) 선언

1910년 원종의 이회광이 일본의 조동종과 연합을 기도하자 승단에서 크게 반대하였다. 마침내 반대 측에서 범어사 쌍계사 송광사 등을 중심으로 결합하여 1911년 1월 임제종을 선언하고 송광사에 임시 종무원을 설치한 후 이회광 일파에 대항하여 강렬하게 반대운동을 벌였다. 관장에 김격운스님을 선출하고 관장대리는 한용운스님이 맡았다.

조선불교선교양종

원종과 임제종 측의 대립이 계속되다가 1912년 6월 17일부터 6월 22일까지 개최된 각 본산 주지회의에서 종지(宗旨) 및 칭호의 단일화 안건을 의결하였다.

이 결과 조선불교의 칭호를 조선불교선교양종으로 결정하였다. 원종과 임제종은 6월 21일 종무원의 문패를 동시에 철거하였다.

이후 30본산은 모두 조선불교선교양종에 소속되었으며 1912년 6월 26일 내무부장관은 각 도장관에게 공문을 보내 사찰의 종지 및 칭호를 함부로 내세우지 못하게 하였다.

대한불교 조계종

1941년 북한산 태고사를 지금의 수송동으로 옮기고 조선불교 총본산으로 삼았다. 동 6월에는 조선불교조계종으로 개칭하였다.

1945년 9월에는 다시 조선불교라 하였다.

1946년 5월 28일 조선불교교헌을 제정 공포하고 5월 30일 조선불교 제1대 교정(敎正)에 박한영스님이 취임하였다.

1948년 4월 8일 박한영 교정이 내장사에서 입적하시니 동 6월 30일 방한암스님을 제2대 교정으로 추대하였다.

1951년 3월 22일 방한암교정이 상원사에서 입적하시니 동 6월 20일 만암 송정헌스님을 제3대 교정으로 추대하였다.

1954년 5월 21일 이승만 대통령은 <사찰을 보존하자>라는 유시를 통해 가정을 가지고 사는 스님들은 사찰에서 나가 살 것을 지시하는 유시문을 발표하였다.

이 때부터 비구승과 대처승간의 분규가 시작되었다. 5월 23일 태고사의 현판을 조계사로 개명하였다.

1954년 6월 20일에는 대통령의 유시문발표에 힘을 얻은 비구승 측의 대세로 조선불교교헌을 개정하여 교단 명칭을 대한불교조계종이라 하였다.

양측의 대립이 심하게 되자 정부는 비구승 측을 지원하여 11월 4일, 11월 20일, 12월 8일 등 총 4회에 걸쳐 유시문을 발표하였다.

1961년 5월 16일을 기하여 군사정부가 수립된 후에 비구 대처 양측이 화합하여 통합종단을 구성하고 종헌을 제정하여 선포하기에 이르렀다. 이로써 명분상으로는 비구 대처간의 분규를 종식하고 화합종단으로서 1962년 3월 25일 대한불교조계종 종헌을 제정 공포하였다.

2. 종파형성의 어제와 오늘

종헌 선포문

(원문이 일반적으로 어렵다고 생각되어 요지만을 쉽게 풀이하여 통합종단이 제정한 최초의 종헌을 이해할 수 있게 하였다)

우리의 종조(宗祖) 도의국사께서 조계의 정통법인을 이어 받으시고 가지산(迦智山) 영역에 종풍의 깃발을 드날리심으로부터 구산선문이 줄지어 열리고 오교파가 나란히 세워져 선풍교학이 이 땅에 가득하였다.

고려의 쇠미와 함께 교세가 약해지려 하니 태고국사(太古國師)께서 제종파를 모두 포함하여 조계의 단일종을 공칭하시니 이는 우리나라 불교의 특색이라 세계만방에 자랑할만한 역사적 사실이다. 우리의 종(宗)은 이조 오백년의 배불훼석(排佛毀釋)의 정치적 법란에도 불굴하고 실낱같은 혜명을 이어 오면서 정혜쌍수(定慧雙修)와 이사무애(理事無碍)를 제고하며 대승불교의 성불도생(成佛度生)을 실천하여 온 것이다.

이래 종명(宗名)을 공칭하고 종헌을 제정하

여 계법(戒法)을 존숭하고 이판(理判)을 장려하여 안으로는 정법안장(正法眼藏)을 비밀히 전하여 끊어지지 않게 하고 밖으로는 도생문호(度生門戶)를 활짝 열어 교화활동을 향상케 하니 선과 교가 나란히 빛나는 것이 여기서부터 시작된다 하겠다. <중략>
　　1962년 3월 22일 제정
　　1962년 3월 25일 공포
(비구 대처 양측 각15명 대한불교조계종 불교재건 비상총회 구성)

통합종단의 종헌이 선포된 후 1970년 1월 15일 한국불교태고종이 창립되고 5월 8일 문화공보부에 등록하였다. 그러나 1962년 명분상으로는 통합종단의 구성에 합의하였지만 이미 내면적으로는 갈등이 존재하고 있다가 분립한 것이다.

전통계승의 조계종

신라선문 이후 조선말기 선교양종까지 이어온 한국불교는 1908년 원종이 창립되고 1911년 임제종의 선언이 있었으나 1912년 선교양종으로 다시 통합되었다.

그리하여 전국에 설치된 31본산은 모두 조선불교 선교양종에 귀속되었다. 1941년 6월 조선불교조계종으로 개칭하고 1945년 해방 이후에는 다시 조선불교라 하였다.

1954년 정화운동 과정에서 대한불교조계종이라 하였으며 1962년 3월 통합종단을 구성한 후에도 역시 대한불교조계종이라 하였다.

지금까지 한국불교의 종파형성 과정과 통합종단으로서의 조계종에 이르는 역사를 살펴보았다. 그러나 신라의 선문이 성립할 당시에 애당초 선문은 불전과 불탑을 세우는 등 교종의 가풍을 수용하는 선교통합성을 안고 출발하였다.

아무튼 조계종은 신라의 오교와 구산선문 이후 고려시대의 선교융합 조선의 선교총섭시대를 거쳐 해방 후 선교통합의 전통을 계승한 종단이다. 이는 한국불교가 걸어 온 교단사적 역사과정에서 형성된 정체성(正體性)이며 특수성이라 할 수 있다.

3. 정토교의 사상과 지위

　누구라도 깨달음을 얻어 부처님의 나라에 태어나고 싶지 않겠는가마는 오탁악세 중생들은 쉬운 일이 아니다. 이를 불쌍히 여겨 부처님께서 염불로 정토에 태어나는 교법을 열어 보이셨다.
　용수보살은 이를 실천하기 쉬운 이행도라 이름하고 도작대사는 시대와 근기에 상응하는 교법으로 정토문이라 하였으며 선도대사는 번뇌를 끊지 않고 정토에 태어나니 돈교라 하였다.

1. 정토와 아미타불의 명의(名義)

정 토

정토라는 말의 뜻을 풀이 하면 '청정한 국토'와 '국토를 청정히 한다'하는 두 가지 의미가 있는데 여기서는 청정한 국토를 말하는 것이다. 정토는 넓은 의미로는 모든 부처님이 머무는 세계요, 좁은 의미로는 동방 약사여래의 유리광세계, 남방 보승여래의 환희세계, 북방 부동존불의 무우세계, 중방 비로자나불의 화장세계 그리고 서방 아미타불의 극락세계, 이 밖에 미륵보살의 도솔정토 관세음보살의 보타낙가정토 등이 있다.

지금은 정토를 말하면 서방 극락세계를 가리키는 것으로 되어 있다. 극락은 산스크리트어 스구바티(sukhavati)를 번역한 것인데 '즐거움이 있는 곳'이라는 뜻이다. 정토교의 근본경전인 《무량수경》에서는 안락(安樂)이라 하고 《관무량수경》과 《아미타경》에서는 극락(極樂)이라 하였다.

정토는 자연의 청정성과 중생의 청정성이 확보되고 스승과 수행의 환경이 최상으로 갖추어진 곳이다. 이곳에 태어나는 자는 누구든지 성불에 이르게 된다.

정토에는 괴로움이 없을 뿐 아니라 지옥 아귀 축생의 삼악도라는 이름조차 들을 수 없다. 청정하고 아름다우며 부족함이 없는 곳으로 천상의 세계와는 비교가 되지 않는다. 왜냐하면 정토는 삼계육도의 세계를 벗어난 곳이며 영원한 생명을 얻는 곳이기 때문이다. 극락세계의 장엄에 관해서는 근본경전에 자세히 말씀되어 있다.

이와 같은 정토를 말할 때 대두되는 문제는 마음 안에서 정토를 구하는 유심정토냐, 사바세계를 떠나 존재하는 타방정토냐 하는 것이다. 그러나 마음 안에서 구하든지 타방에 있다고 하든지 현재 번뇌로 가득한 범부의 마음 속에는 부처님이 말씀하신 정토가 없으며 현실적으로 정토 안에서 삶이 영위되지 못하고 있다. 그러므로 정토가 타방인 것만은 사실이다.

부처님의 말씀을 믿고 행할 것이지 번뇌로 가득한 범부가 의심하여 헤아린다고 이해될 일이 아니다. 이러한 문제는 교학적으로 깊은 연구와 더불어 염불행을 실천하여 혜안이 열리면 봄볕에 눈 녹듯 자연스럽게 해결될 것이다. 아무튼 정토신앙에 있어서 정토는 아미타불이 계시는 서방정토 극락세계를 대상으로 한다.

정토는 번뇌를 완전히 소멸하고 태어나는 곳이 아니라 번뇌가 남아 있는 상태로 태어나는 곳이다. 이는 염불하는 중생은 누구든지 버리지 않고 섭취하겠다는 부처님의 본원이 그러하기 때문이다.

정토신앙에 있어서 또 하나 명심해야 할 점은 정토에 태어나는 것이 목적이 아니라 정토에 태어난 후 보살도를 실천하여 성불에 이르는 것이 궁극의 목적이라는 것이다.

이는 보리심을 씨앗으로 신심을 일으켜 염불행을 실천함으로써 안심을 얻고 부단한 정진력으로 보살도를 실천하여 성불하게 하는 대승불교의 완벽한 수행체계라 할 수 있다. 결국 정토는 복락을 누리는 곳이 아니라 신심을 성취하여 보살도를 실천하는 보살의 활동 영역을 말한다.

아미타불

아미타불은 서방정토 극락세계에 계시면서 정토를

염원하여 염불하는 중생들을 그 곳에 태어나도록 이끌어 주시고 안아 주시는 부처님이다.

산스크리트어 '아미타'는 '한량없는' 즉 무량이라는 뜻이다. 아미타불을 무량광불, 무량수불이라고도 부르는 것은 아미타가 원래 아미타브하(Amitabha : 무량광), 아미타유스(Amitayus : 무량수)의 뜻을 포함하고 있기 때문이다.

> 그러므로 아미타불은 무량광명과 무량수명의 덕성을 지닌 부처님이다. 무량광명과 무량수명의 덕성으로 염불하는 일체 중생을 구원하는 부처님이 아미타불이다.

이와 같은 아미타불을 말할 때면 타방정토를 말할 때처럼 불교의 불성론과 세계관을 들어 의혹을 가지게 된다. 그것은 일체중생이 불성을 소유한 까닭에 자신의 마음 속에 부처가 있으므로 자성미타이지 자신을 떠나 어느 곳에 부처가 존재하느냐 하는 것이다. 그러나 번뇌와 욕망으로 가득한 범부의 삼업은 부처님의 자비행과는 거리가 멀 뿐 아니라 오욕에 물든 악업의 연속이다. 그러하니 범부에게 부처님은 언제나 타방에서 머물고 계신다. 근원적으로는 불성을 소유하고 있다 하여도 중생의 현실은 부처님이 귀의하고 의지해야 할 대상으로 마주하고 있다는 것이다.

　　아미타불을 말할 때 또 하나 의혹을 가지는 것은 불교가 자력의 깨달음을 표방하는데 어떻게 타력의 수행이라 하느냐 하는 것이다. 그러나 수많은 중생의 근기는 한결같지 못하며 더욱이 말법시대 범부의 근기는 열등하여 자력으로 깨달음을 얻기 힘들다. 이러한 번뇌구족의 범부들을 구원하기 위하여 아미타불이 출현 하신 줄 알아야 한다.

아미타불 뿐 아니라 다른 여러 불보살이 중생의 귀의 대상이 되고 의지처 역할을 하는 것은 그 위신력과 가피력이 중생에게는 타력으로 여겨지기 때문이다. 염불수행에 있어서도 아미타불은 중생의 저편에 계시며 중생은 그 본원과 위신력을 의심없이 믿는데서 출발한다. 그 어느 수행체계보다 신심을 강조하는 것이다. 그래서 경에 말씀하시기를 석가모니 부처님이 믿기 어려운 법을 설하셨다고 하셨다.

자성미타와 서방정토 그리고 자력과 타력을 아무리 논쟁하더라도 정토신앙에 있어서 서방정토에 태어나기 위해서라면 자력이 아닌 아미타불의 본원을 믿고 염불수행을 실천하도록 한다. 범부가 스스로 욕망을 채우고자 하는 일은 제 뜻대로 되기 어렵지만 정토에 태어나는 일은 아미타불의 원력에 실려지기 때문에 가능한 일이다.

우리가 일반적으로 염불이라고 할 때는 '나무아미타불' 여섯자를 부르고 부처님의 세계를 염원하는 신앙행위를 말한다. '나무'는 귀의한다는 뜻이니 모든 일의 성취 여부와 생사까지도 부처님의 뜻에 맡기고 자신은 가르침대로 능력껏 실천하기만 하면 된다.

염불하는 중생은 누구든지 아미타불의 광명에 의해 번뇌가 소멸되고 복과 지혜가 증장된다. 염불하는 중생은 죄악의 범부를 막론하고 그 누구든지 윤회로부터 해탈하는 정토에 태어난다. 이것은 시방세계에 광명을 비춰 염불하는 중생은 버리지 않고 섭수하겠다는 부처님의 본원이 그러하기 때문이다.

신심으로 '나무'하고, 일념으로 '아미타불'을 부르고 정토를 염원하는 데서 안심(安心)을 얻어야 한다. 신심으로 안심을 얻고 안심으로부터 물러서지 않으면 신심결정(信心決定)이다. 신심결정에 이르면 정토왕생과 성불의 희망을 확신할 수 있다. 아미타불은 일체 중생에게 안심과 희망을 부여하여 정토로 인도하는 대원력의 부처님이다.

2. 근본경전과 내용

부처님이 일대 설하신 수많은 경전들 가운데 정토와 아미타불에 대하여 말씀하신 경전은 팔만대장경 가운데 270여 부나 된다. 이는 대소승 경전 총 940여 부 중 사분의 일이나 되는 셈이다. 이 가운데 특히 정토와 아미타불을 대상으로 염불을 권하는 「무량수경」「관무량수경」「아미타경」, 이 셋을 근본경전으로 삼는다. 이 세 경전의 내용을 간략히 살펴 보기로 한다.

무량수경

252년 조조가 세운 위나라 때 인도의 승려인 강승개가 번역한 것을 독송하고 있다.

석가모니 부처님이 왕사성 밖에 있는 기사굴산(영취산)에서 설하셨다. 그 곳에 모인 청중은 덕높은 비구 일만이천명이었다. 이들 중에는 요불제존자 등 31인의 제자, 보현보살 등 대승보살, 현호보살 등 16인의 재가보살, 선사의보살 등 14인의 출가보살들이 함께 하였다.

부처님은 이 곳에서 과거 오십삼불, 법장비구가 48원을 세운 인연, 아미타불의 광명과 수명, 정토의 성중, 정토의 장엄한 모습, 삼배 중생의 왕생, 정토의 안락, 삼독, 오악 등을 말씀하셨다. 그리고 번뇌와 죄악으로 물든 세계를 버리고 정토에 태어나기를 간곡히 권하셨다.

《무량수경》 48원 가운데 제18원을 염불왕생원이라고 하는데 여기서 "만약 제가 부처가 되어도 시방의 중생들이 지극한 마음으로 믿고 원해 저의 나라에 태어나려고 십념(十念)을 해도, 태어날 수 없다면 저는 부처가 되지 않겠습니다. 오역죄인이나 정법을 비방한 사람은 제외합니다." 하였는데 이를 염불왕생의 전거로 삼고 있다.

이 경의 마지막에 부처님은 미륵보살에게 "미래세상에 경의 진리가 다 멸한다 하여도 나는 자비로써 불쌍히 여겨 특히 이 경을 백년 동안 더 머물게 할 것이니라. 그래서 중생들 가운데 이 경을 만난 사람은 생각하는 대로 모두 득도할 것이니라"하셨다.

이 「무량수경」을 대경(大經)이라 하고 이에 반해 「아미타경」을 소경(小經)이라 부른다.

관무량수경

송나라 원가(연호:424~453) 중엽에 인도의 승려 강량야사가 번역한 것을 독송하고 있다.
석가모니 부처님이 영축산에서 일천이백오십인의 제자와 삼만이천의 보살들을 상대로 말씀하신 경전이다.

왕사성에서 아사세라고 부르는 태자가 있었는데 제바의 속임수에 빠져 아버지인 빈비사라왕을 유폐시키고 국왕이 되는 사건을 무대로 말씀하셨다. 왕후인 위제희 부인도 결국 위폐되었을 때 부처님께 간절히 극락정토에 왕생할 수 있기를 원하니 부처님은 정토를 관상하는 방법을 말씀하셨다. 여기서 정토 및 아미타불 그리고 성중 등을 관찰하는 방법으로 일상관 수상관을 비롯하여 16가지 관법과 그 이익을 말씀하셨다.

16관법 중에서 13관까지는 마음을 고요히 하여 정토의 장엄한 모습은 관하는 방법을 설하신 것인데 정선(定善)이라고 부른다. 이는 자력에 해당하는 관법이라 할 수 있다.

14관은 상배생상(上輩生想), 15관은 중배생상(中輩生想), 16관은 하배생상(下輩生想)이라 하여 삼배 구품의 중생들이 염불하고 왕생하는 법을 말씀하셨다. 이는 일상생활 가운데서 선업을 닦으며 염불하게 하므로 정선에 상대하여 산선(散善)이라 부른다. 정선이 자력에 의한 관법인데 반하여 산선은 부처님의 명호를 부르는 칭명염불행을 행하여 부처님의 원력에 의지하여 왕생하는 길이다.

구품산선(九品散善)에서는 염불하는 자의 마음가짐, 염불자로서 당연히 지켜야 할 삼복(三福)등을 구체적으로 말씀하셨다. 그리고 죄악으로 물든 범부들에게 칭명염불을 권하고 관법이 아니라도 정토에 태어날 수 있다는 확신을 심어주고 있다. 끝으로 부처님은 "염불하는 사람은 마땅히 알아야 하느니라, 이 사람은 많은 사람들 가운데 분다리꽃(백련화)이니라, 관세음보살과 대세지보살은 그의 좋은 친구가 되며 마땅히 수도하는 도량에 앉아 모든 부처님의 집이 되는 극락정토에 태어나느니라"하셨다.

아미타경

402년 진나라에서 인도의 승려 구마라집이 번역한

것을 독송하고 있다.
석가모니 부처님이 가비라국 사위성 남쪽 기원정사에서 설하셨다. 이 때 모인 청중은 천이백오십인의 비구들과 문수보살 등 대보살과 제석천을 비롯한 많은 하늘의 선신들이 함께 모였다.

부처님은 여기서 정토의 장엄한 모습, 정토에 왕생하기 위한 일일 내지 칠일의 염불행, 그리고 육방의 모든 부처님이 아미타불의 불가사의한 공덕을 찬탄하시고 염불왕생의 법을 증명하신다고 말씀하셨다.

이 경의 마지막에 "석가모니 부처님께서 심히 어렵고 희유한 일을 하셨다. 능히 사바국토의 오탁악세인 겁탁 견탁 번뇌탁 중생탁 명탁 속에서 아뇩다라삼먁삼보리를 얻고 모든 중생을 위해, 이 모든 세상에서 믿기 어려운 법을 설하신다"라고 하셨다.
「아미타경」은 작은 내용이지만 아미타불의 정토인 극락세계의 장엄한 모습을 함축적으로 잘 표현하여 보여 준다. 깨달음의 세계요, 부처님의 세계를 설하신 「화엄경」의 축소판이라 할 수 있다.

3. 정토교의 지위

불교는 부처님이 말씀하신 경전을 근거로 그 가르침을 실천하여 부처님과 같이 깨달음에 이르고자 하는 종교이다. 그런데 부처님은 처음부터 끝까지 획일적인 교리를 말씀하시지 않고 설법을 듣는 대중과 시대에 따라 달리하셨다. 이러한 불교의 차별적인 설법을 대기설법(對機說法) 또는 시기상응(時機相應)의 법(法)이라 한다. 이 점이 불교를 이해하는데 어려움 중의 하나이다.

이와 같이 부처님이 시대와 근기에 따라 달리 말씀하신 법문을 하나의 범주 또는 기준을 가지고 정리하여 조직하고 수행의 체계를 세우는 것을 교상판석(敎相判釋) 또는 교판(敎判)이라 한다. 이는 자신이 믿고 실천하는 가르침의 지위를 밝히는 것이다. 교상판석에 의해 자신이 신봉하는 가르침을 내세우며 종파가 형성되어 왔다. 이 교상판석에 의하여 부처님의 일대 교법이 소승과 대승으로 구별되고 소대승 역시 여러 종파로 나누어 졌다. 교상판석은 자신의 종파를 내세우고 다른 종파를 얕게 보는 경우도 있기 때문에 그것이 고정불변한 진리라고 생각해서는 않된다.

교상판석의 예로써 소승과 대승, 돈교와 점교, 천태지의가 주장한 오시팔교(五時八敎), 화엄종의 법장이 주장한 오교십종(五敎十宗)등이 있다. 정토교에서도 다른 가르침과 구별하여 난이이도, 성정이문, 돈점이교의 교판을 주장하고 있다.

난이이도(難易二道)

부처님의 말씀을 실천하여 깨달음에 이르는 길 가운데 어려운 길과 쉬운 길로 나누고 정토교는 쉬운 길에 속한다고 주장한 것이다. 즉 자력으로 깨달음을 얻는 길은 육지를 걸어가는 것과 같아서 온갖 고행이 필요하므로 행하기 어려운 난행도(難行道)라고 한다. 그리고 부처님의 말씀을 의심없이 믿고 염불행으로 부처님의 원력인 타력에 의지하여 깨달음을 얻는 것은 배를 타고 바다를 건너는 것과 같아서 쉬운 길이 되는 이행도(易行道)라는 것이다.

이 설은 맨 처음 용수(150~250)가 《십주비바사론》 이행품에서 불퇴전지(초지보살)에 이르는 길에 대하여 말하면서 주장한 것이다.

용수의 설을 이어서 중국의 담란(476~542)은 이 세계에서 깨달음을 얻도록 하는 보살도를 난행도라 하고, 아미타불의 정토에 태어나 깨달음을 얻도록 하는 것을 이행도라 하였다.

성정이문(聖淨二門)

부처님의 일대 교설을 성도문(聖道門)과 정토문(淨土門)이라는 두 가지 문으로 나눈 것이다. 이는 실천하는 행위의 난이도보다 시대와 근기를 문제 삼아 구분하였다. 성도문은 가르침과 행과 증득이 갖추어진 정법시대에 자력으로 깨달음을 얻을 수 있는 길을 말한다.

그러나 지금은 말법시대로써 오탁악세에 근기가 낮은 범부들이여서 부처님의 본원력에 의지하여 정토에 왕생하는 정토문만이 유일한 교법이라고 주장한 것이다.

성정이문의 교판은 중국의 도작(562~645)이 맨 처음 주장하였다. 도작은 가르침이 시대와 근기를 쫓는다면 닦기 쉽고 근기와 가르침과 시대를 어긴다면 닦기 어렵고 들어가기 어렵다고 하였다.

돈점이교(頓漸二敎)

돈점이교의 구별은 수행으로 얻어지는 과보 즉 깨달음 또는 정토왕생에 있어서 빠르고 느림이라는 관점에서 말하는 것이다. 돈점이교(頓漸二敎)의 교판은 도작의 사상을 이어받은 선도(613~681)가 설하였다.

선도는 부처님의 일대 교설을 성문장(聲聞藏)과 보살장(菩薩藏) 돈교(頓敎)와 점교(漸敎)로 나누고 정토교는 보살장 돈교에 속한다고 하였다.

정토교를 돈교라고 하는 것은 돈오(頓悟)의 근기는 뛰어난 것이지만 번뇌를 모두 끊어야 하기 때문에 점교이며, 정토문은 번뇌를 끊지 않고도 정토에 태어나 보살의 지위에 오르게 되므로 돈교(頓敎)라고 주장하였다.

결론적으로 정토교의 교판에 의하면 염불수행으로 정토에 태어나게 하는 정토교의 지위는 실천하기 쉬운 이행도이며, 이 시대의 범부와 상응하는 정토문에 속한다. 그리고 금생에 번뇌를 끊지 않고도 정토에 왕생하여 윤회로부터 해탈하고 보살도를 성취할 수 있으니 보살장 돈교에 속한다.

4. 한국의 정토신앙과 염불수행

  신라의 선각자들은 불교의 대중화를 위해 민중을 향하여 정토교의 그물을 던졌다. 원효대사는 낱낱이 풀어 쉽게 일러 주며 명호를 부르니 모두가 따랐다.
  넓고도 기름진 민중의 땅에 뿌리 내린 염불의 나무는 기나긴 성상의 비바람에도 흔들리지 않았다. 이제 오탁악세의 거친 바람이 불고 있으니 오직 의지할 곳은 염불 뿐이다. 염불은 불교의 근본이다. 근본에 의지하면 흔들리지 않는다.

1. 정토교의 선각자

한국에서 정토교 즉 정토와 아미타불을 대상으로 하는 염불수행이 언제 누구로부터 시작되었는지는 확실하지 않다. 초기의 상황을 전하는 기록에 의하면 신라 진평왕대(597~631) 혜숙스님이 미타사를 창건했으며 636년 당나라에 유학을 갔다가 643년 귀국한 자장율사가 《아미타경소》와 《아미타경의기》를 저술하였다고 하지만 현존하지 않는다. 이후에도 신라에서 미타신앙을 전개한 선각자들이 많이 배출되고 저술도 여러 종류가 있었다고 전해오지만 현존하는 것은 다음 것들 뿐이다.

원효(617~686) 《무량수경종요》《아미타경소》《유심안락도》
법위(원효와 동시대 인물로 추정) 《무량수경의소》(복원본)
현일(748년 이전 인물) 《무량수경기》 2권중 상권
경흥(661~680년에 생존한 인물) 《무량수경연의술

문찬〉

의적(의상의 제자) 〈무량수경술의기〉(복원본)

이와 같이 현존하는 저술은 7부에 불과하다. 이 밖에 의상 태현 등도 정토교의 선각자로서 저술 및 활동을 전개한 것으로 보이나 그 자료의 부족으로 상세히 알 수가 없다.

다만 〈삼국유사〉의 기록들과 원효의 행적을 통해 당시의 성행을 짐작할 뿐이다. 원효(617~686)는 의상과 함께 당나라에 유학을 가다가 중도에 깨우친 바 있어 돌아와 경주 분황사 등에서 저술에 힘썼다. 원효는 86권에 달하는 많은 저술을 남겼다고 하나 현재 남아 있는 것은 〈화엄경〉 10권 중의 1권, 〈법화경종요〉 1권, 〈열반경종요〉 1권 등 모두 23권이다. 아미타불과 정토에 관한 저술은 위의 3권이 남아 있고 〈아미타경통찬소〉 2권, 〈무량수경사기〉 1권, 〈무량수경과간〉은 현존하지 않는다.

원효는 교학의 전반에 걸쳐 두루 탐구하여, 근기따라 말씀하신 모든 교설의 가치를 긍정하고 각기 다른 주장과 대립을 융화하는 화쟁사상을 바탕으로 불교를 전개하고자 하였다. 또한 민중 속에 뛰어 들어 실천하기 쉬운 염불을 가르키며 불교의 대중화에 가장 적극으로 활동하였다.

신라에서 아미타불의 정토신앙이 사상적으로 활발한 연구가 시작된 것은 문무왕대(661~680)이며, 신라사회 민중들 사이에 널리 전파되어 본격적인 신앙활동으로 전개된 것은 경덕왕대(742~765) 이후이다.

2. 정토신앙의 수용배경

기존의 전통신앙

새로운 문명의 창조 및 철학, 사상의 발생은 기존의 질서와 문화를 바탕으로 그와 관련하여 비판, 보완, 수정작업을 통해 일어난다. 그리고 전개과정에서도 마찬가지로 주변의 문화현상과 관련되어 부흥하거나 쇠퇴한다.

불교 역시 인도의 일반적인 철학적 사유 형태와 종교문화 현상에 대한 비판과 자각을 통해 발생하였다. 세월이 흐르면서 종파가 형성되고 전개하는 과정에서 흥기하고 쇠퇴한 것도 모두 주변의 사회 및 종교문화 현상과 관련되었다.

신라시대 불교의 대중화를 위해 전개한 정토신앙이 그 성행에 성공한 것도 기존의 전통신앙이라는 종교현상과 결코 무관하지 않기 때문에 그 형태를 살펴 볼 필요가 있을 것이다.

대개 원시 종교형태로 특징 지울 수 있는 것 중의 하나가 정령신앙(精靈信仰)이다. 애니미즘(animism)이라고 하는데 영혼을 의미하는 라틴어 아니마(ani- ma)에서 유래된 것이다.

정령신앙은 생명, 무생물에 불사불멸(不死不滅)하는 영혼이 내재하고 있다는 관념을 기본으로 한다. 이 영혼은 생명의 활동이나 삶에 영향을 주며, 외부로 빠져 나가기도 한다. 사람이 죽으면 공간을 떠돌아 다니기도 하고 죽은 자와 관계있는 개인 또는 집단에게 영향을 미치기도 한다. 이 정령(영혼)은 육체를 떠나서도 인격적 자기동일성을 가지고 다른 생명체 혹은 물질에 의탁하여 재생되거나 우주에 배회한다. 이러한 정령(精靈)을 대상으로 인간은 그와의 관계를 화해하거나 위로하고 복을 빌기 위하여 의식을 베풀고 공물을 바친다.

이와 같은 정령신앙을 기본으로 하여 발생한 또 하나의 종교형태가 자연물숭배신앙(自然物崇拜信仰)이다. 이를 토테미즘(Totemism)이라 부른다.

이는 원시공동사회에서의 종교형태로 혈연적 지연

적 집단이 자신들과 동식물 혹은 자연물이나 그 현상 사이에 공통의 기원, 혈연, 결합관계가 있다고 믿으면서 그것을 숭배하는 것이다.

정령신앙과 자연물숭배신앙 외에 고대의 종교형태 가운데 또 다른 하나는 주력신앙(呪力信仰)이다. 이를 샤머니즘(Shamanism)이라 부른다.

주력신앙은 정령신앙보다 발전된 단계로 우주에 내재한 초자연적인 어떤 힘 혹은 신성한 힘이 존재한다고 믿는 관념을 기본으로 한다. 이 불가사의한 힘을 주력(呪力)이라 부른다. 주력은 정령보다는 인간에게 영향을 미치는 힘(Energy)의 범위와 강도가 광범위하고 강하다. 주력은 비인격적인 힘으로써 주체적 의지를 갖고 있지 않으며 어떤 조건이 주어졌을 때만 작용한다. 그리하여 인간과 신령스런 힘(呪力) 사이에 주술(呪術)을 매개로 하여 영향을 미친다는 특징이 있다. 재앙을 막거나 복을 비는 의식에서도 언제나 주술을 사용하므로써 주력이 활동하고 영향을 미치게 된다. 여기서 주술을 담당하는 자를 샤만(Shaman) 즉 주술사(呪術師)라 부른다.

주술사는 황홀 또는 망아(忘我)의 경지에서 신성

(神聖)을 접하고 신비적 교감이나 체험을 세속인에게 전해 준다. 때로는 세속인의 요구를 이행하는 신탁을 수행하고, 영혼의 천도, 병을 고치는 일, 점을 치고 예언 등을 하기도 한다.

지금까지 살펴 본 것처럼 불교가 유입되기 전에 민간신앙 가운데는 이와 같은 정령신앙, 자연물숭배, 주력신앙 등이 행해지고 있었다. 그리고 선업을 닦거나 공물을 바치고 주술을 행하므로서 하늘나라에 태어날 수 있다는 생천사상(生天思想)도 내재하고 있었다.

정토신앙의 수용배경

신라는 기존의 종교 사회문화 현상 위에 새로운 불교를 받아드렸으나 초기의 불교가 귀족화되고 있었으므로 불교의 대중화를 위해 노력해야만 했다. 그 묘안으로 선각자들은 정토신앙을 전개하였는데 이를 수용한데는 몇 가지 배경의 요인이 작용하였던 것이다. 즉 불교교단의 내적 요인, 사회적 요인, 전통신앙과 사상의 공통점 등이다.

첫째는 불교교단의 내적 요인이다.

신라불교는 통일시기(668)를 전후하여 교학이 성행한 결과 여러 종파가 형성되었다. 그 가운데서도 원효와 의상 등에 의한 화엄종을 비롯하여 계율종, 법상종, 열반종 등이 성행하였다. 특히 화엄사상은 우주법계의 현상과 본질을 연기법(緣起法)에 의하여 설명하는 철학적 사유방식이다. 부처님이 성도하신 후 깨달음의 세계를 직설한 것으로 중중무진(重重無盡)의 법계 현상을 설하지만 일반적으로 이해하기 어렵다. 화엄학 뿐 아니라 사변적(思辨的)이고 난해한 교학은 귀족층이나 지식층에 한정될 수 밖에 없었으므로 불교의 대중화에는 한계가 있었다. 이러한 상황에서 불교의 대중화를 위해 가장 적절한 교법이 정토신앙이었다.

우매한 민중들은 복잡한 논리체계로 이루어진 교학이나 돈오적 깨달음에 대한 관심보다는 부처님의 원력에 의지하여 극락세계에 태어나는 것이 훨씬 쉬운 길일 수 밖에 없었다. 더욱이 당시에 성행하던 화엄사상에서 설하는 비로자나불의 화장세계는 깨달음의 세계요, 부처님의 나라로써 아미타불의 극락세계와 다를 바 없었다.

> 그리하여 당시의 화엄사상을 바탕으로 구원과 해탈을 위한 실천행으로서 아미타불을 부르고 정토를 염원하는 정토신앙은 민중에게 권하기 가장 알맞은 교법이 되었다.

민중을 교화하는데는 시대와 근기에 상응하는 교법을 사용해야 한다는 깨달음으로 정토신앙을 선택했던 것이다.

둘째는 사회적 요인이다.

통일을 전후한 시기에 민중은 수많은 전쟁을 겪고 불안정한 사회현상을 체험하면서 정신적인 귀의처를 갈망하게 되었다. 이러한 민중의 욕구에 부응한 가르침이 바로 아미타불의 정토신앙이었다. 염불행만으로 현세에는 업장이 소멸될 뿐 아니라 죽어서는 극락세계에 태어날 수 있다 하였으니 민중에게는 더없는 위안과 안심처가 되었을 것이다. 더욱이 일상생활에서도 실천하기 쉬운 교법이어서 우매한 민중을 설득하기에 알맞았다.

이러한 이유 때문에 정토신앙은 민중의 의지처가 되어 하류층으로부터 호응을 얻게 되니 불교의 대중화는 성공적으로 이끌어 갈 수 있었다. 정토신앙의 흥기는 현실 세계를 정토화하고자 하는 사상까지 일어나게 되었으니 그만큼 희망적인 교법으로 민중들 사이에 전파되었던 것이다.

셋째는 전통신앙과 사상의 공통점이다.

정토신앙은 정토에 태어나기를 염원하여 일념으로 아미타불의 명호를 부르는 염불행을 실천한다. 그리고 그 대상이 자연적 현상인 정토와 인격적인 신성한 힘과 원력을 소유한 아미타불이다. 더욱이 일념으로 명호를 부르는 염불행을 실천하여 번뇌가 멸진되지 않은 상태로 정토에 태어나게 된다.

이러한 정토신앙의 사상과 실천행은 전통신앙인 정령신앙과 자연물숭배 그리고 주력신앙을 수용하면서 불교의 법(法: dharma)으로 인도하여 깨달음을 얻게 할 수 있다. 왜냐하면 정토신앙이 기존의 전통신앙과 본질은 다를지라도 사상과 의식 실천행 등에서 공통점을 가지고 있기 때문이다.

즉 정령신앙의 영혼설과 윤회설, 자연물숭배와 정토의 장엄한 모습들, 주력신앙의 주술과 일념칭명의 염불행, 생천사상과 극락왕생 등은 전통신앙과 정토신앙이 공통분모를 취하고 있다. 이러한 동질적인 면으로 인해 민중에게는 새로운 불교의 한 면인 정토신앙이지만 친근하게 느껴졌을 것이다.

그러나 정토신앙의 본질은 근본적으로 애니미즘(animism)적 사고로부터 해방되어 있다. 자아는 실체가 없지만 현실적으로 번뇌구족의 범부임을 자각하여 염불의 실천으로 광명의 마음 광명의 세계를 지향한다. 또한 샤머니즘 (Shamanism)적 형태를 극복하여 단순한 주문을 반복하는 행위나 주술사의 매개를 거부한다. 그리하여 스스로 신심을 일으켜 깨달음의 세계인 정토를 염원하는 마음으로 신구의 삼업 염불행을 실천한다.

 정토신앙은 이러한 특징 때문에 기존의 전통신앙 형태를 수용하여 비슷한 형식을 취하면서도 그 본질은 심오한 사상을 바탕으로 깨달음을 향하여 나아가게 하는 장점을 지니고 있다.
 지금까지 살펴 본 것처럼 정토신앙이 불교의 대중화에 커다란 역할을 담당한 것은 전통신앙과 사상의 공통점이 크게 작용했던 것으로 보아 진다.

3. 원효대사의 정토사상

극락세계의 장소를 밝힘

부처님의 국토는 본래 원융한 것이어서 극락세계와 사바세계가 따로 있는 것이 아니지만 중생을 제도하는 방법에서 극락과 사바를 나누어 말한 것이다.

극락세계는 일승의 위치에서 보면 화장세계에 소속된다. 그것은 모든 부처님의 국토는 원융하므로 구별하여 말할 수 없기 때문이다. 그러나 삼승(성문연각보살)의 차별에서 보면 극락세계는 네 가지로 구분하여 설명할 수 있다.

첫째는 법성토(法性土)요 둘째는 실보토(實報土)요 셋째는 수용토(受用土)요 넷째는 변화토(變化土)이다.

법성토와 실보토는 일미평등하여 법계에 두루한 것이니 어느 곳 극락세계 아닌 데가 없지마는 수용토와 변화토는 원과 행을 따라 보답으로 응하여 감득된다. 이러한 때문에 중생들의 욕구를 따라서 방향과 장소를 특별히 지적한 것이다.

아미타불의 원력

극락세계는 아미타불의 원행이 심오한 데서 감득된 것으로서 과덕(果德)이 장원(長遠:무량광, 무량수)함을 나타내었다.

극락세계는 아미타불의 원력으로 이루어진 것이요, 그 곳에 가서 태어나는 자의 자력으로 되는 것이 아니다.

정토교의 근본사상

정토교의 근본사상은 대승과 소승의 모든 사람들을 수용하고 범부와 성인들을 다함께 인도하여서 모두 좋은 곳에 태어나 한가지로 대도(大道)를 성취하는데 있다.

위제희 부인은 보살인가 범부인가

「관무량수경」에서 제시한 뜻은 위제희부인이 아세사라는 오역(五逆)의 자식을 두었기 때문에 오탁악세를 싫어하고 극락세계에 나기를 원하였다. 그러므로 부처님이 그를 위하여 삼복(三福)과 십육관(十六觀)을 말씀하여서 중생들이 극락세계에 왕생하도록 권장하였다. 그리고 십악과 오역죄를 지은 자들까지도 모두 왕생하기를 권장하였다.

이와 같이 극락정토를 간청한 주인공은 몸이 오탁악세에 살았고 더구나 오역죄의 자식까지 낳았어도 부처님께서 모두 왕생한다고 말씀하신 것은 현재 오탁악세에 사는 범부들이 모두 왕생할 수 있음을 보여주신 것이다.

[물음]

위제희부인은 대보살이다. 중생을 교화하기 위하여 현재 여인의 몸을 받았고 오역죄의 자식까지 둔 것이니 어찌 실지로 범부라 하겠는가?

[대답]

설사 실지로 보살이라 하더라도 현재 여인의 몸을 받은 것이다. 중생을 교화하는 자는 반드시 그 실체를 숨기고 범부와 같은 것을 나타내어 같은 무리를 포섭하여 교화하는 것이다. 그러므로 범부와 같음을 나타내어 몸이 오탁악세에 산다면 이는 오탁악세의 범부들을 인도하여 극락세계에 왕생하게 함인 줄 알아야 한다.

어떻게 임종염불로 왕생할 수 있는가

[물음]

중생들은 악업을 많이 지었으니 정토에 태어나기 어렵지 않은가? 이러한 악업은 적은 선업을 가지고는 속죄하기 어려운데 임종시의 십념(十念)염불로 왕생한다 하는가?

[대답]

마음은 업(業)의 주인으로서 생(生)을 받는 주체가 된다. 그러므로 임종시의 마음은 안목과 같아서 일체의 업을 인도하여 준다. 만일 임종시의 마음이 악하면 일체의 악업을 인도하여 올 것이요, 임종시의 마음이 선하면 일체의 선업을 끌어 들일 것이다. 그러니 마음이 극락세계로 간다면 업은 저절로 따라가게 되느니라.

[물음]

중생들의 죄업은 쌓인 것이 산더미와 같다. 그런데 십념의 염불만으로 그렇게 많은 죄업을 다 없애겠는가? 염불을 백천만 번을 하여도 이렇게 많은 죄업을 없애기에는 부족하다. 그 많은 죄업을 없애지 않고서 어떻게 극락정토에 갈 수 있다 하겠는가?

【대답】

왕생을 하게 되는 이유가 세 가지가 있다.

첫째, 만일 임종시에 정념(正念)이 앞에 나타나는 자는 이 마음이 무시이래로부터 오면서 그리고 일생에 지은 선업을 끌어들여서 서로 서로 돕기 때문에 극락정토에 왕생하게 된다.

둘째, 부처님의 명호(나무아미타불)는 만 가지 덕(德)을 모두 끌어들여 이루어진 것이다. 그러므로 일념이라도 부처님의 명호를 생각하는 자는 그 일념 가운데 일체 만덕을 염(念)하는 격이니 이러한 때문에 모든 악업을 없애게 된다. 극락정토에 가는데 악업이 장애가 되는 것인데 이렇게 악업을 없애버렸으니 무슨 장애가 있겠는가.

셋째, 무시이래로 지은 악업은 망념으로 쫓아 나오고 염불하는 공덕은 진심(眞心)으로 쫓아 일어나는 것이다. 진심은 태양과 같고 망념은 암흑과 같으니 진심이 한번 일어나면 망념은 곧 없어진다. 마치 태양이 솟으면 밤의 어둠은 사라지는 것과 같다. 그러므로 임종시에 십념(十念)을 성취하는 자는 결정코 왕생하게 된다.

(유심안락도)

4. 통합불교 속의 염불수행

신라시대

신라불교는 상류층에서 교학이 성행한 반면 민중들 사이에는 정토신앙이 전개되어 크게 호응을 얻게 되었다. 수많은 승속이 함께 모여 만일염불회라는 결사를 조직하여 회향할 정도였으니 그 성행을 가히 짐작할만 하다. 민간에서 뿐만 아니라 출가 수행자들도 염불수행에 전념하는 경우가 많았다. 상류층인 교종의 가풍도 종파마다 그 주불을 신앙하며 불전과 불탑을 세워 예불하고 독경하며 자비광명의 가피력에 의지하려는 여러 종류의 의식이 행해졌으니 여기에는 염불의례를 빼놓을 수 없었다.

교학의 성행 이후 당나라로부터 유입된 선문이 성립할 때도 염불수행이 지속될 수 있는 가풍이 형성되었다. 불입문자 교외별전(不立文字 敎外別傳)을 표방하며 강력한 실천을 주장하고 성립된 선종의 경우도 선교의 통합성을 안고 출발하였다는 점이다.

당나라에서 유입된 선종의 특징은 대개 이러한 것이었다. 불전을 세우지 않고 오직 법당만을 세운다. 현명하지도 않고 어리석지도 않는다. 선악을 생각하지 않는다. 마음이 곧 부처이다. 평상심이 도이다. 어느 곳에서든지 주인이 된다. 일하지 않으면 먹지 않는다 등이다.

그러나 이와 같은 중국의 산간전사선풍(山間田舍禪風)과는 달리 신라에서는 교종의 가풍을 수용하고 있었다. 그리하여 불전을 짓고, 불상을 조성하며, 불탑과 석등을 세우고, 비를 세워 선사의 덕을 추모하고 선양하는 일 등은 교종의 가풍과 다를 바 없었다. 이러한 풍토에서는 자성의 부처를 찾는 자력수행 외에 어떤 의미나 형식으로든지 부처님의 가피력에 의지하는 염불의례를 배제할 수 없다. 이처럼 선종에서도 선교통합성을 안고 출발한 까닭에 선종이 성립하던 시기에도 여전히 염불수행은 널리 보급되었던 것이다.

고려시대

고려시대 중기에는 대각국사 의천이 선교의 융합을 시도하는 천태종을 성립시켜 성행하였으니 선교통합의 성격은 신라보다 그 강도가 강하게 드러났다. 그리고 천태종은 법화사상에 입각한 염불수행을 권장하였으니 미타신앙은 정토교로부터 천태종으로 옮겨졌다. 고려후기에는 법화사상에 의한 염불결사 도량이 창설되어 오랫동안 유지되기도 하였다. 고려시대에 성행한 염불수행은 선교융합을 시도하는 천태종의 영향으로 자력수행의 방편으로 실천되었다.

선종에서는 보조국사가 자력의 염불수행을 권하였고 태고보우와 나옹스님 등은 공안참구와 함께 염불수행을 권하였다. 그것이 자력의 염불이든 타력의 염불이든 아미타불의 명호를 부르고 염하는 것은 동일하였다. 고려말기에는 무기와 나옹스님 등에 의하여 타력의 염불수행이 보급되어 점차 서민적이고 대중적인 정토신앙으로 변모해 갔다.

조선시대

조선시대에 들어 와서는 타율적인 선교통합이 시도되어 한국불교는 선교통합종단이라는 특수한 형태의 수순을 밟고 있었다. 조선시대에도 고려와 마찬가지로 함허 서산대사 등 대선사들이 염불에 대하여 언급하고 권장하였다. 그러나 대개 선가에서는 자력수행의 방편으로, 민중들은 부처님의 본원에 의지하는 타력의 염불수행이 널리 행해졌었다. 이는 자력과 타력을 논하기 전에 정토와 아미타불이 갖는 의미가 수행과 불교의 대중화 그리고 교학적인 면에서 큰 비중을 차지하고 있음을 말해 주는 것이다.

조선후기에 이르러서는 선종마저 그 세력이 약화되고 사찰의 재정도 매우 어렵게 되었다. 이때 각 사찰에서 재정의 확보와 불교의 부흥을 위해 성행한 것이 만일염불회라는 결사운동이었다. 한국불교 교단사에 염불결사가 가장 많이 일어난 시대이다. 이 당시는 불교의 내적 어려움 그리고 일제의 탄압 등으로 안정과 희망을 염원하던 시기였다.

이러한 시대적 상황에서 실천된 당시의 염불은 오직 아미타불의 광명에 의지하여 업장을 소멸하고 정토에 태어나기를 염원하는 절대타력의 염불이었다. 변화와 고난의 교단사 그리고 역사과정에서 면면히 이어온 정토신앙은 민중의 종교심(宗敎心)이 어디에 있는지를 잘 보여 준다.

염불은 불교의 근본이다.

한국불교는 초기부터 선교의 통합성을 안고 출발하여 기나긴 역사를 거쳐 마침내는 선교통합종단인 조계종으로 마무리 되었다. 이러한 교단사적 역사과정에서 정토신앙과 염불수행을 근간으로 하는 정토교는 단일 종파로 성립되지 않고 모든 종파에서 수용되었다.

　교종과 선종의 의례 속에서 그리고 천태종에서 맥을 잇고, 선종의 염불선과 민중의 신앙생활 가운데서도 언제나 아미타불의 광명은 빛나고 염불수행은 끊이지 않았다. 심오한 사상과 광범위한 포용력으로 인해 무종파로서 모든 종파에 수용되어 지속된 점도 있겠지만 보다 근원적인 이유는 염불이 불교의 근본이기 때문이다.

염불 염법 염승은 불교의 시작이요, 종극이다. 정토신앙은 염불수행을 통해 그 구체적인 가르침을 전개하고 있다. 모든 종파 역시 염불 염법 염승의 가르침 안에서 전개된다. 그러므로 모든 종파에서 수용되는 것은 당연한 일이며 염불에 대한 신심이 확립될 때 종파도 일어서고 불교도 부흥할 수 있다. 이러한 이유 때문에 염불은 모든 선행 가운데서 최상의 선행이다.

　또한 지금도 혼용되어 실행되고 있는 애니미즘적 사고와 주력신앙의 형태를 극복한 염불수행이 이루어질 때 참다운 불자로 거듭날 수 있을 것이다. 고유한 전통신앙을 수용하면서 부처님의 원력에 의지하여 정토에 태어나 성불의 길로 인도하는 정토신앙은 민중에게 가장 알맞은 교법이다. 불교의 근본인 염불을 중심으로 전개되는 까닭에 더욱 그렇다. 교단사적 역사를 돌이켜 볼 때도 고통받는 시대의 민중에게 가장 가까이 다가설 수 있었던 교법은 오직 정토신앙이었다.

불교는 현실적 깨달음을 추구한다고 말한다. 그러나 생업에 종사하면서 그리고 끝없이 야기되는 고통 속에서 번민하는 자에게 말해 보라. 그것은 한갓 배부른 자의 망상이나 환상의 소리로 들릴 것이다. 고통과 불안의 늪에서 헤메이는 민중에게 가장 절실히 요구되는 것은 안심(安心)과 희망(希望)이다.

민중의 요구에 부응하여 현실의 고통과 불안 뿐 아니라 죽음이라는 절박한 문제까지도 해결하고 안심과 희망을 부여 하는 것이 종교의 근본이념이며 그 핵심에 정토신앙이 있음을 알아야 한다.

안심과 희망을 얻을 수 있는 가장 쉬운 가르침이 정토신앙에 스며 있다.

그러므로 이 시대 민중의 요구에 적절히 응할 수 있는 정토신앙과 염불수행은 통합불교 또는 모든 종파에 수용되어 끊이지 않고 실천될 것이다. 그렇게 해야만 불교가 부흥된다. 염불이 불교의 근본이기 때문이다.

5. 신라시대의 염불수행

　이차돈 순교는 광명의 등불 심지가 되고 교종은 성행하여 교림을 이루었다.
　원효대사 당나라 가기 전에 도를 깨치고 우매한 민중의 어둠을 밝히고자 아미타불 광명을 세상에 비추었다.
　서방정토 극락세계 이 땅에 실현하길 백성이 염원하니 삼국통일 이룩하고, 승단은 정진하여 선교가 나란히 꽃을 피웠다.
　스님들은 선교양종 등불 밝히고 민중은 곳곳에서 아미타불 염불하니 찬란한 불교문화 세계만방에 자랑이었다.

1. 혜숙(惠宿)스님과 미타사

우리나라에 미타신앙이 언제부터 시작되었는가라는 의문을 제기할 때는 대개 《삼국유사》에 실려있는 혜숙스님과 미타사에 대한 기록을 들고 있는데 그 내용을 살펴보자

신라 애장왕대(808년)
아간(阿干)이라는 벼슬을 하는 귀진의 집은 혜숙스님이 창건한 미타사(彌陀寺)로 부터 멀지 않았으므로 귀진이 언제나 그 절에 가서 염불하였고 이 때 그 집 종인 욱면도 주인을 따라가서 염불하였다. 이렇게 하기를 9년 을미년 정월 21일 아미타부처님께 예배하다가 법당의 대들보를 뚫고 올라갔다.

위 기록은 《삼국유사》 권 제5 「욱면비서승조」에 있는 내용 중의 일부이다.
욱면이라는 계집종이 염불을 지극히 하다가 서방의

극락세계로 승천하였다는 내용인데 뒤에 자세히 싣기로 하고 여기서는 욱면이 혜숙스님이 창건한 미타사에서 염불정진하였다는데 의미를 두고자 한다. 학자들의 연구에 의하면 욱면이 염불정진한 연대는 애장왕 9년(808)으로 추정하고 있으며 미타사를 창건한 혜숙스님은 그 보다 앞선 신라 진평왕(579~632)시대의 스님이었다. 그러므로 한국의 미타신앙은 이 무렵부터 시작되었던 것으로 짐작할 수 있다. 우리는 여기서 미타사를 창건한 혜숙스님에 대한 기록에서 스님의 성품을 살펴볼 수 있을 것이다

자비의 화신 혜숙스님

혜숙스님에 대하여 《삼국유사》 권제4 이혜동진(二惠同塵)조에는 이렇게 적고 있다.

혜숙스님이 화랑(花郞)인 호세랑의 무리 가운데서 자취를 감추자 호세랑은 화랑도의 명부에서 혜숙의 이름을 지워버렸고 혜숙은 안강현 적곡촌에 숨어서 20여년이나 되었다. 그때 국선(國仙) 구감공이 일찍이 적곡촌 들에 가서 하루동안 사냥을 하니 혜숙이 길가에 나아가서 말고삐를 잡고 청했다.

"보잘것 없는 저도 따라가기를 원하오니 어떻겠습니까." 하자 공이 허락하였다. 그는 이리저리 뛰고

달리며 옷을 벗어 젖히고 서로 앞을 다투니 공이 보고 기뻐하였다. 앉아 쉬면서 피로를 풀며 고기를 굽고 삶아서, 서로 먹기를 권하는데 혜숙도 같이 먹으면서 조금도 싫어하는 빛이 없더니 이윽고 공의 앞에 나아가서 말했다.

"지금 맛있고 싱싱한 고기가 여기 있으니 좀더 드시면 어떻겠습니까."

하니 공이 좋다고 말하였다.

혜숙이 사람들을 물리치고 자기 허벅지 살을 베어서 소반에 올려놓아 바치니 옷에 붉은 피가 줄줄 흘렀다. 공이 깜짝 놀라 말했다.

"어째서 이런 짓을 하느냐"

혜숙이 말했다.

"처음에 내가 생각하기에 공은 어진 사람이어서 능히 자기 몸을 생각하여 그러한 마음이 다른 생명에까지 미치리라 하여 따라왔던 것입니다. 그러나 이제 공이 좋아하는 것을 살펴보니 오직 죽이는 것만을 몹시 즐겨해서 남을 해쳐 자기 몸만 기를 뿐이니 어찌 어진 사람이나 군자가 할 일이겠습니까. 이는 우리와 같은 부처님의 제자가 아닙니다."

라고 말하고, 드디어 옷을 뿌리치고 가버렸다.

공이 크게 부끄러워하여 혜숙스님이 먹던 것을 보니, 소반 위에 고기 살점이 하나도 없어지지 않았다.

공이 몹시 이상히 여겨 돌아와 조정에 아뢰었다. 진평왕이 듣고 신하를 보내어 그를 맞아 오게 하였다. 신하가 혜숙스님을 찾아가니 스님은 여자의 침상에 누워서 자는 것을 보이니 신하는 이를 더럽게 여겨 그대로 돌아가는데 7,8리쯤 가다가 도중에서 혜숙스님을 만났다. 신하는 스님에게 어디서 오느냐고 물으니 혜숙스님이 대답하였다.

"성안에 있는 신도집에 가서 7일재를 마치고 오는 길이요" 하자, 신하가 그 말을 왕에게 아뢰니 다시 사람을 보내어서 그 신도집을 조사해 보니 그 일도 또한 사실이었다.

그런 일이 있은 후 얼마 안되어 혜숙스님이 갑자기 죽었다. 마을 사람들이 이현 동쪽에 장사지냈는데 그때 그 마을 사람으로써 이현 서쪽에서 오는 이가 있었다. 그는 도중에서 혜숙을 만나 어디로 가느냐고 물으니 대답하기를 이곳에 오랫동안 살았기 때문에 다른 지방으로 유람하러 간다 하여 서로 인사를 하고 헤어졌는데, 반리쯤 가다가 구름을 타고 가버렸다. 그 사람이 고개 동쪽에 이르러 장사지내던 사람들이 아직 흩어지지 않은 것을 보고 그 까닭을 자세히 이야기하고, 무덤을 헤쳐보니 다만 짚신 한짝이 있을 뿐이었다. 지금 안강현 북쪽에 혜숙사라는 절이 있으니 곧 그가 살던 곳이라 하며 부도도 있다.

해동고승전에는 다음과 같은 기록이있다.

승려 안함은 속성이 김씨요 시부 이찬의 손자이다. 나면서부터 도리를 깨달았고 성품이 맑고 허심탄회 하였다. 진평왕 22년(600)에 고승 혜숙스님과 도반이 되기를 약속하고, 뗏목을 타고 이포진(중국의 항구) 으로 가는 도중 섭도 아래를 지나 가다가 갑자기 풍 랑을 만나 뗏목을 되돌려서 물가에 대었다. 이듬해(6 01)에 임금이 교지를 내려 법기를 이룰만한 자를 뽑 아 중국에 파견하여 학문을 닦게 하고자 하였을 때 마침내 안함스님이 명을 받들어 가게 되었다.

안함은 선덕왕 9년(640) 9월 23일 만선도량에서 입 적하니 향년 62세였다. 그달에 나라의 사신이 중국으 로부터 돌아오다가 우연히 법사를 만나니 그는 푸른 물결위에 자리를 펴고 앉아 기쁘게 서쪽으로 향해 가더라고 하였다.

2. 무애인 원효 민중속으로

원효성사(617-686)의 속성은 설(薛)씨이다. 아버지는 담날내말(신라 17관등의제 11위)이라는 벼슬을 하였다. 원효는 처음에 압양군의 남쪽 불지촌 북쪽 율곡(栗谷)의 사라수 아래서 태어났다. 그 마을의 이름은 불지(佛地)인데 혹은 발지촌이라고도 한다. 사라수라는 것을 마을에서는 이렇게 말한다.

스님의 집이 본래 골짜기 서남쪽에 있었다. 그 어머니가 태기가 있어 이미 만삭인데 마침 이 골짜기에 있는 밤나무 밑을 지나다가 갑자기 출산하였으므로 몹시 급했던 때문에 집에 돌아가지 못하고 남편의 옷을 나무에 걸고 그 속에서 지냈기 때문에 이 나무를 사라수라 했다. 그 나무의 열매가 또한 이상하여 지금도 사라율이라 한다. 옛날부터 전하기를 옛적에 절을 관리하는 자가 절의 종 한사람에게 하루 저녁끼니로 밤 두 알씩을 주었다. 종이 적다고 관청에 고소하니 관리는 괴상히 여겨서 그 밤을 가져다가 검사해 보니 한 알이 발우 하나에 가득 차므로 도리어 한 알씩만 주라고 판결하였다. 이런 때문에 율곡(栗谷)이라고 했다고 전한다. 원효스님은 이미 출가하자 자신의 집을 희사해서 절로 삼고 이름을 초개사(初開寺: 경북 경산군에 있던 절)라고 하였다. 또 사라수 옆에 절을 세우고 사라사라고 했다.

스님의 어릴 때 이름은 서당이요 또 한가지 이름은 신당(新幢)이다. 처음에 어머니 꿈에 유성(流星)이 품속으로 들어오더니, 이내 태기가 있었으며 장차 출산하려 할 때는 오색 구름이 땅을 덮었으니 진평왕 9년(617)이었다.

스님은 나면서부터 총명하고 남보다 뛰어나서 스승으로부터 배우지 않았다. 그가 사방을 돌면서 수행함과 불교를 널리 편 업적은 여러 곳에 실려 있으므로 여기서는 이상한 일 한 두가지만 기록한다.

스님이 일찍이 어느날 희귀한 행동을 하며 거리에서 다음과 같이 노래를 불렀다.

誰許沒柯斧
그 누가 자루없는 도끼를 나에게 빌려주겠는가
我斫支天柱
나는 하늘을 떠받칠 기둥을 찍으리라

사람들이 아무도 그 노래의 뜻을 알지 못했다. 이때 태종(무열왕)이 이 노래를 듣고 말했다.
"이 스님은 필경 귀부인을 얻어서 귀한 아들을 낳고자 하는구나. 나라에 큰 현인이 있으면 이보다 더 좋은 일이 없을 것이다."
이때 요석궁에 과부공주가 있어서 왕이 궁의 관리에게 명하여 원효를 찾아 데려가라 하였다.
관리가 명령을 받들어 원효를 찾으니 그는 이미 남산에서 내려와 문천교를 지나다가 만났다. 이때 원효는 일부러 물에 빠져서 옷을 적셨다. 궁의 관리가 스님을 궁에 데리고 가서 옷을 말리고 그 곳에서 쉬게 하였다. 공주는 과연 태기가 있더니 설총을 낳았다. 설총은 나면서부터 지혜롭고 민첩하여 경서와 역사에 널리 통달하니 신라 십현(十賢) 중의 한 사람이다. 방언으로 중국과 신라의 각 지방의 풍속과 물건 이름 등도 훤히 알고 육경(六経)과 문학을 훈독하고 해석했으니 지금도 우리나라에서 경을 강의하는 것을 업으로 하는 사람이 전수해서 끊이지 않는다.
원효는 이미 계를 잃어 설총을 낳은 후로는 속인의 옷을 바꾸어 입고 스스로 소성거사(小姓居士)라고 하였다. 그는 우연히 광대들이 가지고 노는 큰 박을 얻었는데 그 모양이 괴이하였다. 스님은 그 모양을 따라서 도구를 만들어 [화엄경] 속에서 말한 일체의 무애인(無碍人)은 한결같이 죽고 사는 것을 벗어난다는 문구를 따서 이름을 무애라 하고 계속하여 노래를 지어 세상에 유포하였다. 일찍이 이 도구를 가지고 수 많은 마을에서 노래하고 춤추면서 교화시키고 읊다가 돌아오니, 이 때문에 가난한 집과 몽매한 무리들로 하여금 모두 부처의 이름을 알게 하고, 나무아미타불을 부르게 하였으니 원효의 교화야말로 참으로 컸다할 것이다.

그가 탄생한 마을 이름을 불지촌(佛地村)이라 하고 절 이름을 초개사(初開寺)라 하고 스스로 원효라 한 것은 모두 불교를 처음으로 빛나게 했다는 뜻이다. 원효(元曉)도 역시 지방의 말이니 당시 사람들은 시골말로 새벽이라 했다.

그는 일찍이 분황사에 살면서 《화엄경소》를 지었는데 제4권 십회향품에 이르러 마침내 붓을 그쳤다.

또 일찍이 공무로 말미암아 몸이 매우 바쁘게 움직였으므로 모든 사람들이 초지보살이라고 말했다.

그가 세상을 떠나자 아들 설총이 그 유해를 부수어 소상으로 생전의 모습을 만들어 분황사에 모시고 공경하고 사모하여 효도의 뜻을 지극히 나타내었다. 설총이 그때 곁에서 예배하자 소상이 갑자기 돌아다 보았는데 지금까지도 돌아다 본 그대로 있다.

〈삼국유사〉

3. 사복(蛇福)이 연화세계로 가다.

   서울 만선북리에 있는 과부가 남편도 없이 태기가 있어 아이를 낳았는데 나이 열두살이 되어도 말도 못하고 일어나지도 못하므로 사동(蛇童)이라고 불렀다. (그의 이름은 사복이다)
 어느날 그의 어머니가 죽었다. 그때 원효스님은 고선사(경주에 있던 절)에 있었다. 사복이 원효스님을 찾아가니 원효스님은 그를 보고 맞아 인사를 하였으나 사복은 답례도 하지 않고 말했다.
 "그대와 내가 옛날에 경전을 싣고 다니던 암소가 이제 죽었으니 나와 함께 장사지내는 것이 어떻겠는가."
 원효스님은 좋다하고 함께 사복의 집으로 갔다.
 여기서 사복은 원효스님에게 수계의식(포살)을 행하여 돌아가신 어머니에게 계를 주게 하니 원효스님은 그 시체 앞에서 수계하고 축원을 하였다.
 "세상에 나지 말것이니 그 죽는 것이 괴로우니라. 죽지 말것이니 세상에 나는 것이 괴로우니라"
 사복이 축문이 너무 번거롭다고 하여 원효스님은 고쳐서 말했다.
 "죽는 것도 사는 것도 모두 괴로우니라"
 이에 두 사람은 상여를 메고 활리산 동쪽 기슭으로 갔다.
 원효스님은 말했다.
 "지혜있는 호랑이를 지혜의 숲속에 장사지내는 것이 또한 마땅하지 않겠는가"
 사복은 이에 게송을 지어 말했다.

 옛날 석가모니 부처님은
 사라수 사이에서 열반에 드셨네
 지금 또한 그와 같은 이가 있어
 연화장세계로 들어가려 하네

 말을 마치고 띠풀의 줄기를 뽑으니 그 아래 명랑하고 청허한 세계가 있는데 칠보로 장식한 난간에 누각이 장엄하여 인간의 세계가 아닌 것 같았다. 사복이 시체를 업고 그 속에 들어가니 갑자기 그 땅이 합쳐져버렸다. 이것을 보고 원효는 그대로 돌아왔다.
 후에 사람들이 그를 위해서 금강산 동쪽에 절을 세우고 절 이름을 도량사라 하여 해마다 3월 14일이면 점찰회를 여는 것을 상례로 삼았다. 사복이 세상에 나타낸 일은 오직 이것 뿐이다. 그런데 민간에서는 황당한 이야기를 덧붙였다. 가소로운 일이다.

〈삼국유사〉

4. 광덕과 엄장스님의 염불 수행

문무왕(661-681)때에 스님 광덕(廣德)과 엄장(嚴莊)이 있었는데 두 사람은 서로 사이가 좋아 밤낮으로 약속했다.

"먼저 극락세계로 돌아가는 이는 모름지기 서로 알리도록 하자."

광덕은 분황사 서리에 숨어 살면서 신 삼는 것으로 업을 삼으면서 처자를 데리고 살았다. 엄장은 남악에 암자를 짓고 살면서 나무를 베어 불태우고 농사를 지었다.

어느날 해그림자는 붉은 빛을 띠고 소나무 그늘이 고요히 저물었는데 창밖에서 소리가 났다.

"나는 이미 서쪽으로 가니 그대는 잘 살다가 속히 나를 따라오라."

엄장이 문을 밀치고 나가보니 구름 밖에 하늘의 음악소리가 들리고 밝은 빛이 땅에 드리웠다. 이튿날 광덕이 사는 곳으로 찾아갔더니 광덕은 과연 죽어있었다. 이에 그의 아내와 함께 유해를 거두어 장사를 마치고 부인에게 말했다.

"남편이 죽었으니 나와 함께 있는 것이 어떻겠오."

광덕의 아내도 좋다고 하여 드디어 그집에 머물렀다. 밤에 자는데 관계하려 하자 부인은 이를 거절했다.

"스님께서 서방정토를 구하는 것은 마치 나무에 올라가 물고기를 구하는 것과 같습니다."

엄장이 놀라고 괴이하게 여겨 물었다.

"광덕도 이미 그랬거니 내 또한 어찌 안되겠는가."

부인이 말했다.

"남편은 나와 함께 10여년을 같이 살았지만 일찍이 하룻밤도 자리를 함께 하지 않았거늘 더구나 어찌 몸을 더럽혔겠습니까. 다만 밤마다 단정히 앉아서 한결같은 목소리로 나무아미타불을 불렀습니다. 혹은 16관법을 만들어 미혹을 깨치고 달관하여 밝은 달이 창에 비치면 때때로 그 빛위에 올라 가부좌를 하였습니다. 정성을 기울임이 이와 같았으니 비록 서방정토로 가지 않으려고 한들 어디로 가겠습니까. 대체로 천리길을 가는 사람은 그 첫발자욱부터 알 수가 있는 일입니다."

엄장은 이 말을 듣고 부끄러워 물러나 그 길로 원효법사의 처소로 가서 왕생할 수 있는 중요한 방법을 간곡하게 구했다. 원효는 삽관법을 만들어 그를 지도했다. 엄장은 이에 몸을 깨끗이 하고 잘못을 뉘우쳐 스스로 꾸짖고, 한마음으로 도를 닦으니 역시 서방정토로 가게되었다. 그 부인은 바로 분황사의 계집종이니 대개 관세음보살 19응신의 하나였다.

광덕에게는 일찍이 노래가 있었다.

    달아, 이제 서방까지 가시나이까,
    무량수불 전에 말씀 아뢰소서,
    맹서 깊으신, 무량수불 전에 두손 모아 사뢰기를
    원왕생 원왕생이라고
    그리워 하는 사람이 있다고 아뢰소서,
    아아, 이 몸 남겨두고 48대원을 성취하실까

5. 노힐부득과 달달박박의 성불

신라 성덕여왕시대(709년)의 일이다.

신라시대 구사군의 북쪽에 산봉오리가 기이하고 빼났으며 그 산 줄기가 수 백리에 뻗쳐있는 아름다운 산이 있었는데 그 산을 백월산(白月山)이라 하였다.

이 산의 동쪽에 3천보쯤 되는 곳에 선천촌이 있고 마을에는 두 사람이 살고 있었다. 그 한 사람은 노힐부득이요, 또 한 사람은 달달박박이었다.

이들은 모두 풍채와 골격이 범상치 않았고 속세를 초월한 사상을 가지고 있어서 서로 좋은 친구였다. 나이 스므살이 되자 마을 동북쪽 고개 밖에 있는 법적방(지금의 창원)에 가서 머리를 깎고 스님이 되었다. 얼마되지 않아 서남쪽 치산촌 법종곡 승도촌에 옛 절이 있는데 정신수양을 할만하다는 말을 듣고 함께 가서 대불전(大佛田), 소불전(小佛田)의 두 마을에 각각 살았다.

부득은 회진암에 살았고 박박은 유리광사에 살았

다. 이들은 모두 처자를 데리고와서 살면서 산업을 경영하고 서로 왕래하며 정신을 수양하고 평안히 마음을 길러 속세를 초월하고 싶은 생각을 잠시도 잊지 않았다. 그들은 몸과 세상의 무상(無常)함을 느껴 서로 말했다.

"기름진 밭과 풍년 든 해는 참으로 좋으나 의식이 맘대로 생기고 자연히 배부르고 따뜻함을 얻는 것만 못하다. 또 부인과 집이 참으로 좋으나 연화장세계에서 부처님과 앵무새나 공작새와 함께 놀면서 서로 즐기는 것만 못하다. 더구나 불도를 배우게 되면 응당 부처가 되고 참된 것을 닦으면 반드시 참된 것을 얻는 데에 있어서랴. 지금 우리들은 이미 머리를 깎고 스님이 되었으니 마땅히 몸에 얽메여 있는 것을 벗어 버리고 무상(無上)의 도를 이루어야 할 것인데 어찌 이 혼탁한 속에 파묻혀 세속의 무리들과 같이 지내야 되겠는가"

이들은 드디어 인간세상을 떠나서 장차 깊은 골짜기에 숨으려 했다. 어느날 밤 꿈에 백호의 빛이 서쪽에서 오더니 빛속에서 금빛 탈이 내려와서 두 사람의 이마를 쓰다듬어 주었다. 꿈에서 깨어 얘기를 하니 두 사람의 말이 똑같으므로 이들은 한참동안 감탄하다가, 드디어 백월산 무등곡으로 들어 갔다.

박박스님은 북쪽고개의 사자암을 차지하여 판잣집 8척방을 만들고 살았으므로 판방(板房)이라 하고, 부득스님은 동쪽고개의 무더기 돌아래 물이 있는 곳을 차지하고 역시 방을 만들어 살았으므로 뇌방(磊房)이라고 하였다.

이들은 각각 암자에 살면서 부득은 미륵불을 성심껏 구했고 박박은 아미타불을 경례하고 염송하였다. 3년이 못되어 709년 4월 8일은 성덕왕 즉위 8년이다. 해는 저물어 가는데 나이 스므살이 가깝고 얼굴이 매우 아름다운 한 낭자가 난초 향기를 풍기면서 갑자기 북쪽암자에 와서 자고 가기를 청하면서 글을 지어 바쳤다.

나그네 가는 길
해가 저물어 천산이 어둡고
길은 막혀 성은 멀고
인가도 아득하네

오늘은 암자에서
잠을 자고 싶은데
자비스런 스님께서

노하지 마소서

박박은 말했다.
"절은 깨끗해야 하는 것이니 그대가 가까이 올 곳이 아니요, 어서 다른데로 가고 여기서 머물지 마시오." 하고 문을 닫고 들어 갔다.
낭자는 부득스님을 찾아가서 전과 같이 청하니 부득은 말했다.
"그대는 이 밤중에 어디서 왔는가"
낭자가 말했다.
"담연하기가 태허와 같은데 어찌 오고 가는 것이 있겠습니까. 다만 어진 선비의 바라는 뜻이 깊고 덕행이 높고 굳다는 말을 듣고 장차 도와서 보리를 이루고자 해서 일 뿐입니다."
그리고는 게송 하나를 주었다.

해저문 깊은 산길에
가도 가도 인가는 보이지 않네
대나무와 소나무 그늘은
그윽하기만 하고
계곡의 물소리 더욱 새롭네

잠잘 곳 찾는 것은

길 잃어서가 아니라
존경스런 스님
인도하려 함일세
원컨데 오직 내 청만 들어주고
다시 길손이 누군지 묻지를 마오

부득스님은 이 말을 듣고 몹시 놀라면서 말했다.
"이 곳은 여인과 함께 있을 곳이 아니나 중생을 따르는 것도 역시 보살행의 하나일 것이요, 더구나 깊은 산골짜기에 날이 어두웠으니 어찌 소홀히 대접할 수 있겠오"
이에 그를 맞아 인사를 하고 암자 안에 있게 했다. 밤이 되자 부득은 마음을 맑게하고 지조를 닦아 희미한 등불이 비치는 벽밑에서 고요히 염불했다.
밤이 늦어지자 낭자는 부득을 불러 말했다.
"내가 불행히도 마침 산고가 있으니 원컨데 스님께서는 짚자리를 준비해 주시면 합니다."
부득이 불쌍히 여겨 거절하지 못하고 은근히 촛불을 비치니 낭자는 이미 해산을 끝내고 또 다시 목욕하기를 청했다. 부득은 부끄러움과 두려움이 마음 속에 얽혔으나 불쌍히 여기는 마음이 그보다 더해서 마지 못하여 목욕통을 준비해서 낭자를 통안에 앉히고 물을 데워 목욕을 시키니 이미 통속 물에서 향기가 강하게 풍기면서 금물로 변했다. 부득이 크게 놀라자 낭자가 말했다.

"우리 스승께서도 이 물에 목욕하는 것이 좋겠습니다."

부득이 마지 못해서 그 말대로 하였다. 갑자기 정신이 상쾌해 지는 것을 깨닫고, 살결이 금빛으로 되고 그 옆을 보니 졸지에 연화대 하나가 생겼다. 낭자가 부득에게 앉기를 권하고 말했다.

"나는 관세음보살인데 와서 대사를 도와서 대보리를 이루도록 한 것이요"

말을 마치더니 이내 보이지 않았다. 한편 박박이 생각하기를 부득이 오늘 밤에 반드시 계를 더럽혔을 것이니 비웃어 주리라 하고 가서 보니 부득은 연화대에 앉아 미륵존상이 되어 광명을 발하고 그 몸은 금빛으로 단장되어 있었다. 자기도 모르게 머리를 조아려 절하고 말했다.

"어떻게 해서 이렇게 되었습니까."

부득이 그 까닭을 자세히 말해주니 박박은 탄식해 말했다.

"나는 마음 속에 가린 것이 있어서, 다행히 부처님을 만났지만 도리어 대우하지 못했으나 큰 덕이 있고 어진 그대가 나보다 먼저 이루었오, 부디 옛날의 교분을 잊지 마시고 일을 함께 하여 주시기 바랍니다."

부득이 말했다.

"통속의 금물이 남았으니 목욕함이 좋겠습니다."

박박이 목욕을 하여 부득과 같이 무량수를 이루었으니 두 부처가 서로 엄연히 마주하고 있었다. 산아래 마을 사람들이 이 말을 듣고 다투어 와서 우러러보고 감탄하기를 참으로 드문 일이라 했다.

두 부처는 그들에게 불법의 요지를 설명하고 나서 온몸이 구름을 타고 가버렸다.

경덕왕 즉위 14년(755년) 왕이 이 일을 듣고 757년에 신하를 보내서 큰 절을 세우고 이름을 백월산 남사(南寺)라 했다. 764년 7월 15일에 절이 완성되자 다시 미륵존상을 만들어 금당에 모시고 편액을 현신성도 미륵지전(現身成道 彌勒之殿)이라 했다. 또 아미타불상을 만들어 강당에 모셨는데 남은 금물이 모자라 몸에 전부 바르지 못했기 때문에 아미타불상에는 역시 얼룩진 흔적이 있었다. 그 편액은 현신성도 무량수전(現身成道 無量壽殿)이라 했다.

〈삼국유사〉

6. 백성을 감동시킨 염불스님

신라 경덕왕시대(742-765)의 일이다.

남산 동쪽 산기슭에 피리촌이 있고 그 마을에 피리사란 절이 있었다. 그 절에 이상한 스님이 있었는데 성명은 말하지 않았다.

늘 아미타불을 염하여 그 소리가 성안에까지 들려서 360坊 17만 호에서 그 소리를 듣지 않은 사람이 없었다. 소리는 높고 낮음이 없이 낭랑하기가 한결 같았다.

이로써 그를 이상히 여겨 공경하지 않은 사람이 없었고 모두 그를 염불사(念佛師)라 이름하였다. 그가 입적한 뒤에 소상을 만들어 민장사에 모시고 그가 본래 살던 피리사를 염불사로 이름을 고쳤다.

〈삼국유사〉

7. 다섯 비구 왕생설

신라 경덕왕대(742-765)의 일이다.

삽량주(양산)의 동북쪽 20리 가량 되는 곳에 포천산이 있다. 석굴이 기이하고 빼어나 마치 사람이 깎아 만든 것 같았다. 이곳에 다섯 비구스님이 있었는데 성명이 자세하지 않았다. 여기에 와서 아미타불을 염하고 서방정토를 구하면서 정진하기를 몇 십년에 홀연히 성중이 서쪽으로부터 와서 그들을 맞이했다. 이에 다섯 비구스님이 각기 연화대에 앉아 하늘을 날아 올라가다가 통도사 문밖에 이르러 머물러 있었는데 하늘의 음악이 간간이 들려왔다.

절의 스님이 나와 보니 다섯 비구는 무상(無常)과 고(苦) 공(空)의 도리를 설명하고 유해를 벗어버리니 큰 광명을 내 비치면서 서쪽으로 가는 것이었다.

그들이 유해를 버린 곳에 스님이 정자를 짓고 이름을 치서(置棲)라 했으니 지금도 남아있다.

〈삼국유사〉

8. 발징스님의 만일염불회

신라경덕왕(758년) - 원성왕(787년)시대의 일이다.
서기 758년 고성현 원각사(현 건봉사)의 주지 발징(發徵)화상이 큰 서원을 발하였다. 두타승 정신 량순 등 31인을 청하여 미타만일회를 시설하여 향도(香徒) 1820인을 맺었다. 1700인은 죽과 밥을 담당하는 시주자이고 120인은 의복을 담당하는 시주자가 되어 해마다 집집마다 돌아다니며 백미 1말 기름 1되 오종포 1단씩을 오랜 기간 동안 함께 마련하였다.
29년 만인 787년 7월 17일 한밤 중에 큰 비가 쏟아져 도량 밖에 넘치더니, 아미타불과 관음 세지 두 보살이 자금연대를 타고 문 앞에 이르러 금색의 팔을 펴고 염불하는 대중을 맞이 하였다. 부처님은 대중을 거느리고 반야선에 올라 48원을 부르면서 연화세계로 가서 상품상생을 명하였다. 이때 발징화상은 두루 다니다가 금성에 도착하여 낭무아간의 집에 자고 있는데 큰 빛이 그 방에 비치어 놀라 일어났다. 관음보살이 발징화상에게 고하였다.

"그대 도량의 스님들은 부처님의 인도로 서방정토의 상상품으로 왕생하였으니 빨리 가 보아라."

발징화상이 즉시 가려고 하자 낭무는 말하였다.

"스님은 처음 발원하실 때 우리 어리석은 중생을 먼저 제도한 뒤에 세상을 떠난다고 하셨습니다. 우리들은 적은 힘이나마 최선을 다했다고 할 수 있거늘 오늘 우리들을 버리고 어찌 홀로 가실 수 있습니까."

그는 온 몸으로 땅을 치면서 울부짖기를 그치지 않았다. 발징화상은 이에 낭무 등을 거느리고 31명의 스님을 가서 본 즉 육신등화하였다. 기쁜 마음으로 도량을 향하여 1300여번 절을 한 뒤에 그들의 다비식을 하였다.

그리고는 향도들의 집을 두루 다니니 913인은 도량의 스님과 같은 시간에 단정히 앉아 왕생하였고 나머지 907인만 돌아온지 7일이 되었을 때 또 아미타불을 보았는데 부처님이 배를 잡고서 같이 타자고 하였다.

"우리 향도들 가운데 아직 제도하지 못한 자가 있아온데 홀로 먼저 가는 것은 저의 본원이 아닙니다."

부처님이 다시 고하였다.

"18인은 상품중생으로 왕생이 될 것이나 그 나머지는 되돌려 보내어 업이 성숙한 뒤에 와서 제도하겠다."

향도가 이 말을 듣고 슬피 울고 후회하며

'우리들이 무슨 죄업을 지었길래 유독 왕생을 못하는가.'하고는 더욱 정근하여 밤낮을 쉬지 않았다. 또 7일째 되는 한밤 중에 아미타불이 다시 배를 타고 와서 말하였다.

"내가 본래 세운 원력 때문에 너를 맞이하여 같이 가야겠다."

발징화상은 울먹이며 다음과 같이 사양하였다.

"만약 신도들 중에 무거운 죄 때문에 왕생할 처지가 못되는 사람이 있다면 저는 맹세코 지옥에 들어가 그 고통을 대신 받으며 영원히 그 죄를 멸하여 사람마다 모두 왕생케 한 연후에야 왕생하여 합니다."

부처님이 말씀하셨다.

"그만 두어라 31인의 상품하생과 그 나머지는 그대가 먼저 왕생하여 부처님의 수기를 얻고 무생인을 깨달아 신통한 지혜로 다시 인간세상에 와서 다 구제할 수 있다."

발징화상은 부처님의 가르침을 믿고 그 발에 절한 후, 배를 타고 서방정토로 왕생하였다.

〈삼국유사〉

9. 계집종의 염불왕생

신라애장왕 시대(815)의 일이다.

동량발징(棟梁發徵)스님은 관음보살의 현신이라고 했다. 원각사(현 건봉사)에서 만일염불을 위해 무리를 모으니 일천명이나 되어 두패로 나누었는데 한 패는 "노력"이라 하였고 또 한 패는 "정수"라 하였다. 노력의 무리 중에 일을 맡아 보던 이가 계를 지키지 못하여 축생도에 떨어져서 부석사의 소가 되었다. 그 소가 일찍이 경전을 싣고 가다가 불경의 힘에 의하여 아간이라는 벼슬을 하던 귀진의 집에 태어났는데 이름을 욱면이라 했다.

욱면이 일이 있어서 하가산에 이르렀을 때 꿈에 감응하여 드디어 도심을 발하였다. 귀진의 집은 혜숙법사가 지은 미타사로부터 멀지 않았으므로 귀진이 언제나 그 절에 가서 염불할 때 계집종인 욱면도 따라가서 염불했다. 욱면이 주인의 일을 등한히 하는 것을 미워하여 주인은 매양 곡식 두 섬을 하루 저녁에 찧게 했는데 그녀는 초저녁에 다 찧고난 뒤 절에 가서 염불하며 밤낮으로 게을리 하지 않았다.

뜰의 좌우에 긴 말뚝을 세우고 손바닥을 꿰어 노끈으로 말뚝에 묶고는 합장하여 좌우로 흔들며 스스로 격려하였다. 이렇게 하기를 9년 을미년(815년)정월 21일 공중에서 소리가 나기를 "욱면은 법당에 들어가 염불하라" 하였다.

염불하던 대중들이 듣고 욱면을 권하여 법당에 들어가 정진하게 하였다. 얼마있지 않아 하늘의 음악이 서쪽에서 들려 오더니 욱면이 법당의 대들보를 뚫고 올라가 소백산에 이르러 신 한짝을 떨어뜨리자 후세 사람들이 그 곳에 보리사를 지었고 산밑에 이르러 그 육신을 버렸으므로 그 곳에 제2 보리사를 지었다. 그 전당에 방을 써 붙여 면등천지전(面登天之殿)이라 했다.

천장에 뚫린 구멍이 한 아름이나 되었으나 아무리 폭우나 세찬 눈이 내려도 집안은 젖지 않았다. 그 뒤에 그 일을 좋아하는 사람들이 금탑 하나를 만들어 그 구멍에 맞추어서 난간 위에 모시어 이상한 사건을 기록했으니 지금도 방과 탑이 아직 남아 있다.

욱면이 승천한 뒤에 아간귀진도 또한 그 집에 신

기한 사람이 의탁해 살던 곳이라 해서 집을 희사하여 절을 만들어 법왕사라 하고 밭과 종을 바쳤다. 오랜 뒤에 절은 없어지고 빈터만 남았다가 회경대사가 발원하여 절을 중건하니 융성하여 동남지방에 이름 있는 절이 되었다. 사람들은 회경대사를 아간귀진의 후신이라 하였다.

〈삼국유사〉

6. 고려시대의 염불수행

 어진 임금 태조대왕 신라불교 계승하고 나라 건국 국운융창 부처님의 은덕이라 서방정토 가기 전에 유훈으로 남기셨다. 의천국사 선교융합 천태종을 일으키니 그의 제자 대를 이어 염불도량 이루었다. 보조 나옹 대선사는 선지를 날리면서 근기따라 정진하라 염불을 권하였고 무기의 정토사상 소외된 민중의 희망이 되었다.

1. 태조의 훈요와 불교

고려(918~1392 : 34대 475년)를 건국한 태조(왕건 : 918~943)는 승하하기 얼마 전인 943년 4월에 내전에 나아가 대광 박술희를 불러서 친히 《훈요 : 訓要》를 주었는데 십절로 되어 있으며 후세의 신료와 자손들로 하여금 영구히 준수하게 하였다. 그 중에 불교에 관한 것만으로도 삼절을 차지하고 있다. 태조의 불교에 대한 깊은 관심과 《훈요》가 바탕이 되어 불교는 전성기를 맞이하게 되었고 민중신앙으로 뿌리를 내리게 된 것이라 생각한다. 《훈요》의 불교에 관한 삼절을 실어 불교 역사의 한 면을 이해하는데 도움이 되도록 하였다.

훈 요

내 들으니 순임금은 역산에서 농사를 지었으나 마침내 요 임금의 왕위를 받았으며 중국의 한고제(漢高帝)는 패택(沛澤)에서 일어나 드디어 한 나라의 왕업을 성취하였다고 한다.

나도 역시 한 개 외로운 평민으로서 그릇되게 여러 사람들의 추대를 받았다. 더위와 추위를 무릅쓰고 19년 동안 노심초사한 끝에 3한을 통일하여 외람스럽게 왕위에 있은지가 25개 년이나 되었고 몸도 벌써 늙었다. 후손들이 감정과 욕심에 사로잡혀 나라의 질서를 문란시킬듯 하니 이것이 크게 근심스럽다. 이에 훈계를 써서 후손들에게 전하노니 아침 저녁으로 펼쳐보아 영구히 모범으로 삼게 하기를 바란다.

첫째로, 우리 국가의 왕업은 반드시 모든 부처님의 도움을 받아야 한다.

그러므로 불교 사원을 창건하고 주지들을 파견하여 불도를 닦음으로써 각각 자기 직책을 다하도록 하는 것이다. 그런데 후세에 간신이 권력을 잡으면 승려들의 청촉을 받아 모든 사원을 서로 쟁탈하게 될 것이니 이런 일을 엄격히 금지하여야 한다.

둘째로, 모든 사원들은 모두 도선(道詵)의 의견에 의하여 국내 산천의 좋고 나쁜 것을 가려서 창건한 것이다.

도선의 말에 의하면 자기가 선정한 이 외에 함부로 사원을 짓는다면 지덕(地德)을 훼손시켜 국운이 길지 못할 것이라 하였다. 내가 생각하건데 후세의 국왕, 공후, 왕비 대관들이 각기 원당(願堂)이라는 명칭으로 더 많은 사원들을 증축할 것이니 이것이 크게 근심되는 바이다. 신라 말기에 사원들을 야단스럽게 세워서 지덕을 훼손시켰고 결국은 나라가 멸망하였으니 어찌 경계할 일이 아니겠는가?

  여섯째로, 나의 지극한 관심은 연등(燃燈)과 팔관(八關)에 있다. 연등은 부처님을 섬기는 것이요, 팔관은 하늘의 신령과 오악(五岳), 명산, 대천, 용신을 섬기는 것이다.
함부로 증감하려는 후세 간신들의 건의를 절대로 금지할 것이다. 나도 당초에 이 모임을 국가의 기일(忌日:제사날)과 상치되지 않게 하고 임금과 신하가 함께 즐기기로 굳게 맹세하여 왔으니 마땅히 조심하여 이대로 시행할 것이다.

            (북역 고려사)

2. 나무아미타불 50년 정근

고려시대 성종1년(982년)때의 일이다.

신라때에 관기(觀機)와 도성(道成) 두 성사(聖師)가 있었는데 어떤 사람인지는 알 수가 없다. 함께 포산(경북 달성군 비슬산)에 숨어 살았으니 관기는 남쪽 고개에 암자를 지었고 도성은 북쪽 굴에 살았다. 서로 10리쯤 떨어졌으나 구름을 헤치고 달을 노래하며 매양 서로 왕래했다.

도성이 관기를 부르고자 하면 산중 나무가 모두 남쪽을 향해서 굽혀 서로 영접하는 것 같으므로 관기는 이것을 보고 도성에게로 갔다. 관기가 도성을 맞이하고자 하면, 역시 이와 같이 나무가 모두 북쪽으로 구부러지므로 도성도 관기에게로 이르게 되었다. 이와 같이 하기를 여러 해를 지냈다.

도성은 그가 살고 있는 뒷산 높은 바위 위에 항상 좌선하고 있었는데 하루는 바위사이로 몸을 빠져나오니 온몸이 허공에 날리며 떠나갔는데 간 곳을 알 수 없으니 혹 수창에 가서 죽었다는 말도 있다. 관기도 또한 뒤를 따라 세상을 떠났다. 지금 두 성사의 이름으로써 그 터를 도성암이라 명명하였는데 모두 남은 터가 있다.

도성암(道成巖)은 높이가 두어 길이나 되는데 후세 사람들이 그 굴 아래에 절을 지었다. 고려성종 1년(982)에 성범(成梵)스님이 처음으로 이절에 와서 살았다.

> 만일미타도량(萬日彌陀道場)을 열어 50여년을 정근했는데 여러 번 특이한 상서러운 일이 있었다. 이때 현풍(玄風)의 신도 20여명이 해마다 결사(結社;수행을 약속하고 모인 여러 사람의 조직)하여 향나무를 주어 절에 바쳤는데 언제나 산에 들어가 향나무를 채취해서 쪼개어 씻어서 발에 펼쳐두면 그 향나무가 밤에 촛불처럼 빛을 발하였다.

이로부터 고을 사람들이 그 향도(香徒)들에게 보시하고 빛을 얻는 해라 하여 하례(賀禮)라 하였다. 이는 두 성사의 영감이요, 혹 산신(山神)의 도움이었다. 산신의 이름은 정성대왕(靜聖大王)으로 일찍이 가섭불 때에 부처님의 부탁을 받았으니 그 본서원에 말하기를 산중에서 일천명의 출가를 기다려 남은 과보를 받겠다고 했다.

 이 두 성사는 오랫동안 산골에 지내며 인간세상과 사귀지 않았다. 모두 나뭇잎을 엮어 옷으로 입고 추위와 더위를 겪었으며, 습기를 막고 하체를 가릴 뿐이었다. 그래서 반사(搬師:피나무스님), 첩사(楪師:떡갈나무스님)로 호를 삼았던 것이다.

〈삼국유사〉

3. 진억스님의 수정결사

고려 인종 7년(1129) 진억(津億)스님은 지리산 오대사를 수축(修築)하여(1123-1129) 그 곳에서 수정결사(水精結社)라는 염불도량을 시설하여 정진하였는데 참가자가 3천명을 헤아렸다고 한다.

그들은 점찰업보경에 의해 선악을 점찰참회하여 서방정토의 왕생을 기원하였다. 그리고 결사의 이름을 수정사(水精社)라 한 것은 무량수부처님 앞에 수정 1매를 걸어 놓고 믿음의 인(信因)을 밝혔던 까닭이라고 하였다. 즉 신심(信心)을 맑고 깨끗한 수정에 비유한 것으로 그러한 마음으로 아미타부처님께 예배하고 참회해야 한다는 뜻일 것이다. 진억스님은 법상종(法相宗) 출신으로서 염불결사를 행하였던 것이다.

수정사의 수행법

1) 결사에 참여한 모든 사람들이 이름을 생사에 관계없이 명표에 새겨둔다.

2) 매 15일 마다 점찰업보경에 의하여 이름을 새긴 명표를 던져 선악의 응보를 점쳐본다.
3) 점친 결과의 선악을 두 개의 함에 나누어 놓고 악보에 빠진 사람들을 위하여 결사의 대중들이 대신 참회하고 다시 점쳐 보아 선보를 얻게 한 후 마친다.
4) 처음에 선보를 얻었다가 나중에 악보에 떨어질 경우를 생각하여 일년마다 한번씩 점쳐 보고 만일 악보에 떨어지면 다시 처음과 같이 대신 참회한다.

진억스님의 수정사 결사정신

"모여든 대중과 함께 같은 해탈을 얻어서 미래세까지 꺼지지 않는 법등을 전하려 한다.
한 법당을 나서지 않고 자리와 이타의 두 가지 이익을 구족한다.
나 스스로만 제도하면 그만이지 남까지 어찌 제도할 수 있겠는가라고 하지만 오히려 천하가 그러한 것을 민망히 여겨, 해탈하는 길을 찾은 후 다른 사람들과 목표를 함께 하여 물러서지 않기로 기약한 것이 수정결사의 이유이다."

4. 원묘국사의 백련결사

원묘국사(圓妙國師) 요세(了世:1163~1245)는 성은 서씨요 자는 안빈(安貧)이다.

12세에 출가하여 승과에 급제하고 명산을 두루 돌아다니다가 영통산 장연사에서 법을 강설하더니 보조국사로부터

> 물결이 어지러우니
> 달빛이 드러나기 어렵구나
> 방이 깊어 어두어도
> 불을 켜면 다시 밝은 법이다.
> 그대에게 권하노니
> 마음의 그릇을 단정히 하고
> 감로수를 기울리지 말라

이러한 게송을 받고 마침내 선(禪)으로 마음을 돌려서 조사의 관문을 뚫기로 결심하였다. 그리하여 곧 보조국사가 계시는 수선사에 참가하여 도화(道化)를

더욱 높이더니 수선사를 공산(公山)에서 강남으로 옮기자 요세도 그 곳으로 따라갔다.

그 때에 길이 마침 남원 귀정사를 지나게 되었는데, 그 절의 주지스님 꿈에 어떤 사람이 와서 삼생지법화대사(三生持法華大師)가 올 터이니 어서 청소를 하고 맞이하라 하였다. 경내를 말끔히 소제하고 반찬을 준비하여 기다렸더니 저물게 과연 요세스님이 이르렀다.

요세는 고행을 주로하여 날마다 대중과 함께 도를 닦으면서도, 다시 따로이 53불을 12회씩 예배하여 아무리 춥고 더울지라도 그만두지 아니하므로 사람들은 그를 가리켜 서참회(서씨의 참회)라 하였다. 이렇게 정진하던 요세는 얼마후 수선사(修禪社)에서 보조국사를 떠나 천태교관에 의한 염불수행을 결심하였다.

스님은 천태교관을 깊이 배우고 지금의 전남 강진군 남해산 옆 만덕사 옛터에 80여간의 가람을 개창(1211~1216)하여 그 곳에 백련결사(白蓮結社)를 개설하였다.

이곳에서 그의 나이 70세인 1232년부터 보현도량을 열어 법화삼매를 닦아 정토에 왕생하기를 구하게 했으며 천태삼매의에 의해 법화참을 닦는 것을 행법으로 삼아 결사운동을 적극적으로 전개하였다.

이 때 참여한 대중은 직접 제도한 스님 38명 등 사부대중 3백여 명이었으며 개경에서 내려온 유학자도 수명이 포함되었다.

요세는 지극히 검소한 생활로 방에는 항상 세벌의 옷과 발우 하나 뿐 이었으며 스스로 지관(止觀)을 행하고 독송하며 가르쳤다. 뒤에는 늙은 몸으로 다시 참선하는 여가에 날마다 법화경 1부 준제진언 1천편 아미타불 1만편을 매일 외우기를 쉬지 않았으며 밤에도 불을 켜지 않고 잘 때에도 요를 깔지 않았다.

83세에 입적하셨는데 그해 6월 그믐날 문득 감원스님을 불러서 "내가 유행할 때가 있으니 죽선상(대나무로 만든 상)을 하나 만들어 다오" 하고 부탁하였다. 곧 상을 만들어 드렸더니 그 위에 앉아 보고 대단히 만족히 생각하여 칭찬을 많이 하였다.
며칠을 지나서 7월 6일이 되었는데 스님은 문득 목욕을 하고 옷을 갈아 입은 뒤에 하룻 동안 움직이지 않고 가만히 앉아서 입정하고 있었다.
날이 저물 때 수제자 천인(天因)을 불러서 불승(佛乘)의 대의(大儀)를 부탁하여 이르고 "이젠 가을이 되어서 내 길이 걱정없다." 하고 말하였다.

"스님의 동정이 평일보다 조금 다르니 웬 일이십니까" 하고 물으니

"내가 가려고 한지가 벌써 오래였다마는 날이 너무 더워서 너희들에게 큰 고생이 되겠기에 기다리고 있었더니 이제는 입추가 되었으니 아무 걱정도 없다." 하더니 축시(새벽1~3시)쯤 되어서 물을 가져오라 하여 다시 세수를 하고 법복으로 갈아 입고 자리에 앉아서 가부좌를 한 뒤에 경쇠를 쳐서 대중을 모아 놓고 "오십년 동안 산림의 썩은 물건이 이제는 가니, 여러분들은 아무쪼록 법을 위하여 많이 노력하시오"하고 이별을 고하였다.

천인이 말하기를 "임종시 선정에 들어 있는 마음이 곧 정토(淨土)인데, 가긴 어디를 가신다고 하십니까."하고 물었더니 "이 마음을 움직이지 않는 당처에 현전하나니 나는 감이 없이 가고 그는 옴이 없이 오느니라, 중생의 마음과 부처의 마음이 결합하니 실로 마음 밖의 일이 아니로다"하고 대답하고, 마음을 거두고 선정의 자세로 가만히 앉아 계셨다. 오래도록 아무 말이 없으므로 혹 입정하였는가 하여 가까이 가서 본 즉 벌써 입적하셨다. 입적하신 뒤에도 얼굴이 이상하게 희고 수족이 생전과 같이 부드럽고 머리가 오래도록 식지 아니하고 따뜻하였다.

5. 진각국사의 효성 염불

 진각국사(眞覺國師: 1178~1234)의 성은 최씨요 이름은 혜심이며 호는 무의자(無衣子)이다. 나주 화순 사람이다. 어려서 아버지를 여의고 홀어머니 밑에서 한학을 공부하여 사마시(司馬試: 생원과 진사를 뽑는 과거제도)에 합격, 태학에 입문하였다.
 그의 어머니가 꿈에 하늘 문이 활짝 열리는 것을 보고, 또 벼락을 세 번이나 맞는 꿈을 꾸고서 스님을 잉태하여 열 두달 만에야 낳았다. 태어난 뒤에 두 눈을 감고 가만히 있다가 7일만에야 눈을 떴다. 젖을 먹은 뒤에는 언제나 몸을 돌려서 그의 어머니를 등지고 누우므로 부모가 다 괴상히 여겼다. 일찍이 아버지를 여의고 출가하려 하였으니 그의 어머니가 허락하지 아니하고 도리어 유교 공부를 배우게 하였다.
 그러나 그는 항상 불경을 읽고 진언을 외워서 그 힘을 얻었으며 어려서부터 무속이나 요사스런 일들을 힘써 배척하였다.
 사마시에 합격하고 태학에서 공부하던 중에 그의

어머니가 병을 앓게 되었다는 소식을 듣고 집으로 돌아왔다.

간호를 하면서도 그는 지성으로 염불하여 마침내 관불삼매(觀佛三昧)에 들었다. 그의 어머니의 꿈에 부처님과 보살님이 사방에서 나오시는 것을 보고 깨어보니 병이 다 완쾌되었다.

그 후 어머니가 돌아가시자 조계산 수선사(현재의 송광사) 보조국사를 찾아가 출가하였다. 좌선 정진에 몰두하여 크게 깨닫고 보조국사가 입적한 후 왕명에 의해 조계종의 2세가 되었다. 1234년 병으로 인하여 57세에 입적하였다.

〈한국불교사화〉

6. 무기의 서민적 정토사상

무기(無奇)스님은 고려 천태종 백련사(白蓮社) 제4세 천책의 제자인 정조이안(靜照而安)에게서 수계하였다. 생존 연대는 확실하지 않으나 그가 남긴 《석가여래행적송(釋迦如來行蹟頌)》의 저술 연대가 1328년이므로 이 시대 천태종 백련사 계열의 인물임을 알 수 있다.

그는 고려말의 천태종 승려들의 세력화, 귀족불교, 선불교와 그들의 행위에 대하여 날카롭게 비판하면서 새로운 자각을 외쳤다. 그리고 당시의 혼탁한 사회현상과 불교교단의 타락상을 말법시대관으로 해석하고 정토신앙의 필요성을 역설하였다. 또한 시주의 은혜에 의지하는 승려로서 본분을 잃지 않아야 한다는 지극히 서민적인 정토사상과 염불의 실천을 강조하였다. 자신 또한 사상을 피력하면서 실천적인 삶을 영위하고자 노력하였다.

그의 저술인 《석가여래행적송》의 내용을 살펴 보면 그의 인품과 사상 및 당시의 불교교단의 상황이 얼마나 권위적이고 타락했는지를 이해할 수 있다. 그러나 여기서는 선교관, 염불, 시주은혜 등 몇 가지만 다루기로 하겠다.

무기의 인품과 생활

1330년 백련사 스님 기(豈)가 쓴 《행적송》의 발문에 다음과 같이 기록하였다.

「지금 부암(浮庵)장로 무기가 있으니 일찍이 백련사 제 4세 진정국사의 제자로서 석교도승통이며, 각해가 원명한 불인정조대선사 이안당(而安堂) 아래 투신하여 머리를 깎고 승려가 되었는데 법명은 운묵(雲默)이다.

배움은 천태종의 문의(文義)에 통달하였으며 승과에 나아가 상상과(上上科)에 합격하고 굴암사의 주지직을 받았다.

그러나 높은 자리 명예의 길을 헌신짝처럼 버리고 금강산, 오대산 등 명산과 빼어난 곳을 다니다가 마침내 시흥산(始興山) 탁일암에 이르렀다. 이 곳에서 머물면서 법화경을 읽고 아미타불을 염하며 불화를 그리고 경을 쓰는 것으로 날을 삼기를 20년이 되었다.

남는 시간에는 불전과 조사어록, 논서 등을 펼치고 찾아서 《석가여래행적송》을 찬술하고 아울러 주석을 달아 2권을 완성하였다.」

　서문에 기록하기를

「무기는 인물은 뛰어나지는 못하여 화려함은 없었다. 용모는 그 마음과 같았다. 젊은 시절에는 중국의 천태산까지 가서 공가중(空假中)의 천태삼관을 열심히 공부하였다.」 라고 하였다.

　무기는 시흥산에서 《행적송》을 저술 간행한 뒤 만년에는 남쪽으로 내려와 전남 장성 취령산 취서사에서 서예를 즐겨 하며 지내다가 입적한 것으로 전해진다.

선교관(禪敎觀)

　선(禪)은 범어로 말하면 선나(禪那 : dhyana)이고 번역하면 사유수(思惟修)이다. 선에는 두가지가 있는데 세간선과 출세간선이다.

　세간선은 근본사선(根本四禪), 사무량심(四無量心), 사무색정(四無色定)이니 이것은 범부가 행할 선이다.

　출세간선은 육묘문(六妙門), 16특승통명(十六特勝通明), 삼명육통(三明六通)에 이르는 선인데 이것은 성문과 연각이 함께 행할 선이다. 수능엄 등의 백팔삼매 제불부동(諸佛不動) 등의 백이십삼매는 모든 부처님과 보살이 닦는 선이다. 범부의 선과 성문 연각이 닦는 선은 같지 않다.

선을 행하는 것은 공용(功用:신구의 삼업의 작용)이다. 모든 잡념을 고요하게 하여 마음을 한 곳에 집중하여 제재하는 것이 견성성불(見性成佛)이다. 삼세제불 일체보살이 이 문을 쫓아 들어가지 않음이 없다.

선을 숭상하는 자는 선은 교외별전(敎外別傳)이니 수승한 법이 되므로 경과 교문(敎門)을 비방하지 않는다고 말한다. 이러한 사람들은 교문의 가르침 가운데에도 오로지 마음의 요체(心要)를 보여 주는 것이 있는 줄을 알지 못하기 때문에 의혹이 있는 것이다. 대개 일찍이 경을 보지 않은 허물이다.

> 마음과 교(가르침)는 둘이 아니다. 교외별전은 어떤 마음인가, 만약 세존이 꽃을 들어 보인 것을 별전이라고 한다면 이것 역시 교를 벗어나지 않은 것이다.

달마가 혜가에게 마음을 가져 오라 하여 둘이 편안해 지고 또한 혈맥론, 관심론 등의 논을 보게 되는데 이것은 교가 아닌가.

하물며 육조혜능선사가 금강경을 듣고 깨달음을 얻어, 크게 종풍을 날렸는데 어찌 교외별전이라고 말하는가.

오시교(五時敎)에 대하여
법화경에서 말씀하시기를

"내가 비로소 도량에 앉아 나무를 관하고 거닐면서 삼칠일 가운데 이와 같은 일을 사유하였다.
　초칠일에는 내가 얻은 지혜는 미묘하고 최제일이라고 사유하였다.
　이칠일에는 내가 스스로 사유하는 것은 다만 불승(佛乘)을 찬탄하는 것이라고 사유하였다.
　삼칠일에는 과거 부처님이 행하신 방편력(方便力)을 깊이 생각하여, '나도 지금 얻은 바 깨달음으로 응당히 삼승(三乘)의 법을 설하리라' 하고 사유하였다."

라고 하셨다.
　이렇게 사유하시기를 마치고(3.7일간의 화엄경 강설) 녹야원에 나아가
　12년 중에 사아함경(四阿含經)을 설하시고
　8년 동안 방등(方等)의 제경을 설하시고
　22년 동안은 여러 부의 반야경(般若經)을 설하시고
　8년간은 법화(法華), 열반(涅槃) 두 경을 설하시고
　인연있는 중생들 모두 제도하시어 능히 일을 마치

시니

79세에 달하여 열반에 드셨다.

정토사상

근기와 좋아하는 바를 따라서 좌선을 보이고, 경을 독송하게 하고, 염불을 가르치고, 보시하고, 계를 지키게 하는 등 일체 모든 선행은 그것을 닦게 하여 불도에 들어가게 하는 것이다.

대개 중생은 많은 장애가 있기 때문에 여러 가지 도업(道業)을 닦는 중도에 그만두는 일이 허다하다. 오직 염불하는 자는 만명 중에 한 사람도 실패하지 않는다.

염(念)이라는 것은 바깥 경계가 넓고 마음이 산란하여 삼매를 이루기가 어려우므로 응당히 인연에 따라 한 부처 한 보살을 전심으로 예불하고 생각하면 감응(感應)이 쉽게 이루어져 부처님의 참모습을 뵙고 법문을 들어 도를 깨닫는 것이다.

염불하는 사람들은 시방의 무량한 부처님과 일체 보살을 널리 보게 되고, 무수한 불보살이 주위에서 옹호한다.

만약에 현세에 공덕을 얻지 못하면 후세에 뵙고 뜻에 따라 반드시 정토에 태어나 친히 공양을 받게 된다.

말법시대를 당하여 정토를 구하지 않고 무엇을 하겠는가. 사람들은 흔히 정토법문에 의심과 비방하는 마음을 일으켜 정토를 구하여 그곳에 태어나고자 하는 사람을 보면 웃고 말리지만 이것은 자신과 타인을 함께 잘못 인도하는 것이다. 슬프고 슬픈 일이다.

재가자의 윤리와 시주 은혜
일상생활에서 불교인이 마땅히 실천해야 할 윤리가 있다.

첫째는 부모와 스승을 봉양하는 것이다.(奉養師親)

세간에서는 부모의 은혜요, 출세간에서는 스승의 은혜가 막중하니 그 은혜에 보답하기 위해서는 보시를 해야 한다. 부모에게 효도하는 것이나, 부처님께 공양하고 복 받는 것의 근본 이치는 같다. 출가인이라도 부모가 있으면 남는 옷과 음식 등으로 공양해야 한다. 보시는 부모와 스승 뿐 아니라 병든 사람한테도 베풀어야 한다.

둘째는 세상을 살아가는 데는 인의(仁義)가 모든 선(善)의 근본이다.

어진 성현의 이름을 얻은 자는 모두 인의(仁義)에서 비롯된다. 인의를 통해서 지계와 인욕을 배워야 한다.

셋째는 겸손한 마음이다.(謙心) 겸손은 아만의 병을 고치는 묘약이다. 불교를 배우는 자는 먼저 아만심을 꺾어야 한다. 겸손한 마음으로 위로는 삼보를 공경하고 중간에 어른을 공경하고 아래로 범부들을 따라야 한다.

넷째는 부드러운 말씨이다.(軟語)

남을 기쁘게 하는 것은 중생의 마음에 먼저 힘써야 할 것이다. 입으로 짓는 악업 중에 악언(惡言)이 가장 심한 것이다.

스스로 보시하고 안인(安忍)하며 겸손한 마음, 부드러운 언어는 하나 하나가 성불의 씨앗이 아닌 것이 없다. 만약에 갖추어 행하면 이보다 더한 선행은 없다.

출가인은 국왕의 은혜, 스승과 어른의 은혜, 부모의 은혜, 시주의 은혜 이 네 은혜 가운데 시주의 은혜가 가장 막중하다. 우리들 비구는 산림에서 편안하게 지내면서 경작하지 않고 밥을 먹고, 누에를 치지 않으면서 옷을 입을 수 있는데 모두가 시방 시주자들의 은혜이다. 네 가지 은혜를 비교한다면 시주의 은혜가 제일 급한 것이다. 하루 두끼에서 한 끼라도 거르면 일이 잘 되지 않는데 이틀, 사흘, 이레를 걸러 보라, 목숨 부지하기도 어려울텐데 수도(修道)가 다 무엇이겠는가.

　이러함 때문에 시주의 은혜가 급하고 국왕 및 스승과 부모의 은혜는 그 다음이다. 여러 비구들은 이러한 뜻을 마땅히 알아서 예불하고, 염불하고, 향을 사르고, 등불을 켜고, 꽃을 올리고, 탑을 소지하고, 벽을 바르는 등의 작은 보시라도 응당히 우선 회향하도록 해야 한다.

　음식, 의복, 침구, 의약의 사사(四事)는 어떤 시주자들이 복을 구하기 위한 것이기 때문에 자기의 양식과 처자의 용도를 절약한 것인 줄 알아야 한다.

7. 나옹화상 서왕가와 승원가

나옹(懶翁 : 1320~1376)은 고려 공민왕 때 스님으로 이름은 혜근(慧勤)이다. 20세 때 친구의 죽음을 계기로 출가하였다. 1344년 양주 회암사에서 4년 동안 좌선하여 깨우치고 중국 원나라 북경에서 지공(指空)선사를 친견하고 깨달음을 확인받았다.

다시 남쪽으로 가서 평산처림 선사로부터 법의와 불자(拂子)를 받았다. 1358년 귀국하여 가는 곳마다 설법하다가 1371년 왕사가 되고 1376년 여주의 신륵사에서 57세로 입적하였다.

스님은 대선사이면서도 서왕가 즉 극락세계에 왕생하길 원하는 노래를 지어 염불하기를 권장하였고 승원가를 지어 염불수행법을 알기 쉽게 가르쳤다. 선법으로 깨달음에 이르도록 이끌어 주는 반면에 근기에 따라 염불을 권하였으니 선과 정토문을 수용한 보기드믄 선지식이다.

서왕가(西往歌)

　나도 이럴망정 세상에 인재지만 무상(無常 : 여기서는 사람이 오래 살지 못한다는 뜻)을 생각하니 모두 허망된 것이로다. 부모의 거친 얼굴 돌아가신 후에는 속절없는 일이다.
　잠시동안 생각하여 세상 일을 뿌리치고 부모님께 하직하고 단 한 개의 표주박과 한 벌의 누더기에 명아주 지팡이를 비껴들고 명산을 찾아든다.
　선지식을 친견하여 마음을 밝히려고 천경만론(수많은 불경과 논서)을 자세히 열람하여 육적(육근이 도적이라는 뜻)을 잡으려고 허공을 다 아는 사람도 모르게 틈을 타서 반야검을 손에 들고 오온산(몸과 마음)에 들어가네.
　번뇌는 첩첩하고 사상산(아상, 인상, 중생상, 수자상)이 더욱 높다. 육근(안이비설신의)의 문 앞에 자취없는 도적이 들락거리는 가운데 번뇌심 베어 놓고 지혜로 배를 만들어 삼계(욕계 색계 무색계)바다 건너리라.
　염불중생 실어 두고 삼승(성문, 연각, 보살)의 돛대에 일승 깃발 달아 두니 춘풍은 순탄히 불어 나는 구름 섞여 도는데 인간을 생각하니 슬프고 서럽구나.
　염불않는 중생들아 몇 생을 살려고 세상 일만 탐

착하여 애욕에 잠겼는가, 하루에도 열 두시오 한 달도 설흔 날에 어느 날에 한가할까.

청정한 불성은 사람마다 가졌거늘 어느 날에 생각하며 무량한 공덕은 본래 구족하였거늘 어느 시에 꺼내 쓸까. 극락은 멀어지고 지옥은 가깝도다.

여보시오 어르신네! 권하노니 갖가지 선근을 심으시오. 금생에 쌓은 공덕 후생에 받나니 백년탐물은 하루 아침 티끌이요 삼일염불은 백천만겁에 다함없는 보배로다. 아! 이 보배 천겁을 지나도 없어지지 아니하고 만세에 이르러도 길이 값진 것이로다.

하늘과 땅이 넓다한들 이 마음에 미칠 것이며 해와 달이 밝다한들 이 마음에 비길 수 있겠는가. 삼세의 모든 부처님은 이 마음을 깨달으시고 육도의 중생은 이 마음을 저버렸으니 삼계 윤회를 어느 날에 그칠까.

잠시 동안 생각하여 마음을 고쳐먹고 주위를 살펴보니 청산은 첩첩이요 유수는 잔잔하네, 바람은 슬슬하며 꽃들은 화사하고 송죽은 낙낙한대 범부세계 건너가서 극락세계 들어가니 칠보금대에 칠보망을 둘러싸니 구경하기 더욱 좋다.

구품연대는 염불소리 또렷하고 청학 백학 앵무 공작 금청봉황 소리마다 염불이요 청풍이 건 듯 부니 염불소리 이어지네. 아! 슬프도다 우리도 인간으로

나왔다가 염불말고 어찌할까. 나무아미타불
〈명연집〉에서

명연집:1704년 명연스님이 모아 적은 것으로 1764년 구월산 흥률사 1775년 해인사에서 간행 유포하였다.

염불게

나옹스님은 어머님이 돌아가셨을 때 슬피우는 누이에게 염불을 권하면서 이러한 게송을 들려주었다고 한다. 이 게송은 스님이 염불하는 사람들에게 보이는 시 8수를 남겼는데 그 가운데 제 6수로 우리가 잘 알고 있는 내용이다.

아미타불이 어느 곳에 있는가
마음 머리에 두고 간절히 잊지말라
생각하여 생각이 다하고 무념처에 이르면
육근이 항상 광명을 놓으리라.
〈나옹집〉

승원가(僧元歌)

나옹스님은 정토의 법문도 이론에 그치지 않고 수행방법을 자세히 말씀하셨다. 그리하여 유심정토 타방정토 관념 및 칭념에 대해서까지 구체적으로 서술하였다. 스님은 승원가(僧元歌)라고 이름 붙인 노래를 남겼는데 모두 염불을 권하고 정토와 아미타불을 찬탄하는 내용들이다.

여기에는 염불수행에 대하여 특별한 두 가지가 있는데, 살펴보고자 한다. 그 하나는 〈관무량수경〉에서 말씀하신 16관법 즉 극락세계의 장엄을 관하되 일상관(日想觀)이 그 중에서 제일이라고 강조한 것이다. 이는 관념 염불의 이관(理觀)과 사관(事觀) 중에서 사관에 속한다.

    십륙관경 하신 말씀
    일몰관이 제일이라
    서산에 지는 해를
    눈 뜨거나 눈 감거나
    눈 앞에 걸어 두고
    아미타불 대성호를
    주야 없이 많이 외라.

<승원가>에서 특별한 염불수행법의 또 다른 하나는 칭명염불에 대한 것인데, 육자명호(나무아미타불)이든 사자명호(아미타불) 이든 구애받지 말고, 일을 할 때에도 노는 입에 염불할 것을 권하고 있다.

아미타불 대성호를
주야 없이 많이 외라.
농부거든 농사하며
노는 입에 아미타불
직녀거든 길쌈하며
노는 입에 아미타불

많은즉 육자(六字)염불
적은즉 사자(四字)염불
행주좌와 어묵간에
고성이나 은념(隱念)이나
육자사자 염불을

 이와 같이 나옹스님은 칭념이든 관념이든 근기따라 각자 염불수행하도록 권하였으며, 대중이 알기 쉽게 노래로 엮어 민중의 교화에 힘썼다. 선종의 맥을 계승한 대선사로써 이처럼 구체적으로 염불수행을 권한 경우는 나옹스님이 최초라고 여겨진다.

7. 조선시대 염불수행

　태종의 배불정책 교묘하게 이루어져 선교 양종 통폐합이 날로 날로 심해졌다.
　선종의 혜명이 실낱같이 위태롭고 교단의 재정이 가난하기 짝없을 때 일제의 횡포는 설상가상 괴롭혔다.
　지혜로운 승속은 만일염불 결사하여 꺼져 가는 등불에 기름을 부었다.
　신라불교 이래로 아미타불 정토신앙 선교에 통하고, 민중 속에 젖어 들어 대승불교 든든한 바탕을 이루었다.

1. 기화의 염불향사와 정토사상

　기화(己和) 스님(1376~1433)의 호는 득통(得通)이며, 충주 태생으로 성은 유(劉)씨이다.
　일찍이 성균관에 들어가 공부하다가 21세 때 출가하였다. 1414년 자모산 연봉사에 함허당(涵虛堂)이라 이름 붙인 작은 거실에서 3년간 수도한 뒤 《금강경오가해》를 세 번이나 강설하였다.
　1420년 45세 되는 가을에 강릉 오대산 나옹스님(1320~1376)이 머무시던 영감암에 가서 진영에 공양하였다. 그 곳에서 이틀 밤을 잤는데, 그 때 꿈에 한 선사가 나타나서 "이름을 기화(己和)라 하고 호를 득통(得通)으로 하라" 하였으므로 그대로 따랐다. 그 후 기화보다는 함허득통으로 잘 알려져 있다.
　그는 무학대사(1327~1405)의 법을 계승하였으니 고려와 조선을 이어온 대선사이다. 여러 저술을 남겼으며 그 가운데는 정토와 염불에 관한 법어와 글도 상당수 포함되어 있다.
　또한, 초기에는 염불향사(念佛香社)라는 모임을 만

들어 아미타불을 전념하는 염불정진을 한 것으로 보인다. 여기서는 《함어록》에 실린 정토사상에 대하여 살펴보기로 한다.

염불향사(念佛香社)

《함어록》에 의하면 기화스님은 동문인 혜봉(惠峰)의 영가를 위해 설한 법어 가운데 염불향사에 관하여 이렇게 언급하고 있다.

"혜봉 각령이시어, 60여 년을 인간 세상에 살면서 몇 번이나 즐거운 자리에 오르고 근심의 바다에 빠졌던가요.

마치 지금 가죽 주머니를 벗어버리고 가벼운 마음으로 고향집으로 돌아가는 길을 밟으시겠지요.

제가 지금 생각해보니 사형께서 생전에 평소 하신 일은 아침 저녁으로 대승경전을 염송하시고 회향을 발원 하셨습니다.

역시 그로 말미암아 저도 염불향사(念佛香社)를 결성하여 오로지 아미타불을 생각하고 아미타불의 명호를 한결같이 염하였습니다."

이러한 말씀으로 보아 스님이 한때 염불도량을 만들어 아미타불의 명호를 전념하는 수행을 했던 것으로 보이지만 자세한 내용은 알 길이 없다.

염불왕생법어(念佛往生法語)

(함어록)에는 스님의 법어들이 수록되어 있는데 염불왕생에 대한 법어 몇가지만 살펴보면 서 염불관을 이해하고자 한다.

조선조 태종의 넷째 아들인 성령대군은 14세에 병으로 죽었다. 스님은 그를 위해 이렇게 법어를 내렸다.

"성령대군 선가(仙駕)여, 바른 안목을 열었는가. 무명(無明)을 깨뜨렸는가.

만약에 아직도 바른 안목을 열지 못하고 무명을 깨뜨리지 못했다면 기쁜 마음으로 아미타불의 대원력에 의지하여 곧바로 구품연대(극락세계)를 향하여 오르시고 노니소서"

정상국(鄭相國)의 영가를 위해서는 이런 법어를 내렸다.

"만약에 이길(성불의 길)을 밟으려고 하거든 한 발짝도 움직이지 말고 깨달음의 길에 오르라. 만약 이 길에서 어긋나게 되었거든 (손으로 무량수불을 가리키면서) 다음에는 무량수 무량광명 가운데를 향하여 몸을 던져 가거라."

어떤 스님의 죽음 앞에서 이와 같은 법어를 내렸

다.

"관(觀)하여 보건데 그대의 지은 바가 비록 참선학도(參禪學道)에는 능하지 못하였다 하더라도 분수를 따라 계를 지키고 염불하며, 분수에 따라 복을 닦고 선행을 하였으니 이는 가히 경하할 일이다."

법어를 통해 스님의 염불관을 알 수 있듯이 선사의 입장에서 깨달음을 얻는 것은 무엇보다 중요한 일이지만 그렇지 못한 경우는 염불왕생을 적극 권하고 있다.

아미타불, 정토, 아미타경을 찬탄함
기화스님은 미타찬(彌陀讚), 안양찬(安養讚), 미타경찬(彌陀經讚)을 지어 아미타불과 정토와 아미타경을 찬탄하였으니 그의 적극적이고 깊은 정토신앙을 이해할 수 있게 한다.
위의 세가지 찬문은 각각 10절로 나누어 제목을 붙여 구체적으로 찬탄하고 있다. 각 찬문의 1절씩만을 살펴보기로 하겠다.

미타찬의 제일
종진기화(從眞起化: 참되고 청정함으로부터 중생을 위해 교화를 일으킴)

두루 밝고 공한 진정계(眞淨界)에는 본래 부처도 정토도 없지만 중생을 위하여 비원(悲願)을 일으키는 데는 그 방편으로 은밀함과 드러냄이 있습니다. 우리들 중생이 오랫동안 미혹의 길에서 헤매이면서 의지하고 돌아갈 곳이 없으므로 장엄한 정토의 모습을 펴 보이셨으니 정말로 희유하십니다. 이것은 곧 환주장엄(幻住莊嚴:방편으로 세운 장엄)이오니, 방편으로 안아 이끌어 주소서, 방편으로 안아 이끌어 주소서.

안양찬의 제일
피차동화(彼此同化:두 부처님이 함께 교화함)

대도사이신 아미타부처님은 서쪽에서 나투시어 끌어 안아 인도해 주시고, 우리의 본사 석가모니 부처님은 왕생을 권유하시네. 저곳과 이곳의 부처님이 같은 대비심으로 각기 방편을 설하여 함께 미혹한 중생들을 제도하시니 정말로 희유 하십니다. 두 부처님이 대자대비로 제도하시니 부모의 은혜보다 더 크시옵니다. 부모의 은혜보다 더 크시옵니다.

미타경찬 제일
개시첩경(開示捷徑:지름길을 열어 보임)

거룩하신 대도사 석가모니 부처님, 중생의 근기에 맞추어 삼승(三乘)을 열어 보이셨으니 법을 설하지 않는 것이 없습니다. 다시 그 사이에 따로 방편을 열으시고 이 법을 널리 설하시어 정토를 닦게 하니 정말로 희유 하십니다. 대비하신 세존께서 이 경을 말씀하셨으니 마치 어둠에서 등불을 얻은 것 같습니다. 어둠에서 등불을 얻은 것 같습니다.

대선사이신 기화스님은 이와 같이 우리들을 위하여 아미타불과 정토와 아미타경에 대하여 자세히 말씀하셨습니다. 함허당 기화스님 역시 부처님처럼 내외가 명철하여 중생들을 위해 정토에 대해서도 바른 안목으로 인도해 주시니 희유 하십니다.

2. 서산대사의 염불수행관

　서산대사(1520~1604)로 잘 알려진 스님의 법명은 휴정(休靜)이다. 성은 최씨이며 평안도 안주에서 태어났으나 9세에 어머니를 잃고 10세에는 아버지마저 돌아가셨다. 어려서 함께 공부하던 동급생들과 지리산에 들어가 경전을 공부하다가 선가(禪家)의 법을 깨닫고 숭인스님에게 출가하였다. 21세에 부용영관 대사로부터 인가를 얻고 촌락을 돌아다니다가 정오에 닭울음 소리를 듣고 크게 깨달았다고 전한다. 30세에 선과에 합격하고 선교양종판사에까지 올랐으나 승직을 버리고 금강산에 들어가 정진하였다.
　1592년 임진왜란이 일어나자 승병을 이끌고 관군을 도와 공을 세워 세상에 더욱 알려졌다. 한국불교는 서산대사 이후부터 선교양종통합종단이 되었는데 스님은 도총섭이라는 최고의 승직을 맡았다.
　서산대사는 한국 선맥의 한줄기를 이은 대선사로 추앙받고 있지만 그의 저술을 통해 염불수행에 대해서도 남다른 견해를 가지고 피력하였다.

염불이란 무엇인가

　염불이란 입으로만 하는 것은 그냥 외우는 것이요 마음에 두고 하여야 염불이 된다. 한갓 외우기만 하고 마음을 잃으면 도를 닦는데 이익이 없다.
　「나무아미타불」 육자 법문은 윤회를 결정코 벗어나는 지름길이다. 마음으로는 부처님의 경계를 연(緣)하여 생각하고 잊지 않으며, 입으로는 부처님의 명호를 부르며 분명하게 하여 산란하지 않아야 한다. 이와 같이 마음과 입이 상응하면 염불이라 말할 것이다.

　오조 홍인스님이 말씀하시기를 「본래의 참 마음을 지키는 것이 시방의 모든 부처님을 생각하는 것보다 낫다」 하셨다.
　육조 혜능스님은 말씀하시기를 「다른 부처님을 생각하여서는 생사를 면하지 못하며 자기의 본 마음을 지키면 곧 저 언덕에 이를 것이다」 하시고 「부처는 자신의 성품 가운데서 찾을 것이요, 몸밖에서 구하지 말라」 하셨다. 또 「미혹한 사람은 염불로 왕생을 구하지만 깨달은 사람은 스스로 그 마음을 깨끗이 할 뿐이다」 하셨으며 「대저 중생이 마음을 깨우쳐 스스로 제도하는 것이지 부처님이 중생을 제도할 수 없는 것이다」 하였다.

위와 같은 큰스님들의 말씀에는 근본된 마음을 바로 가리킬 뿐 다른 방편이 없다. 이치대로 말하면 진실로 이와 같다.

그러나 현실적으로는 극락세계가 실제로 있으며 아미타부처님은 48대원이 있어서 누구든지 열 번만 염불하는 자는 이 원력에 이어서 연꽃의 대중에 왕생하여 쉽게 윤회를 벗어난다. 이는 삼세의 모든 부처님이 이구동성으로 증명하시고 시방의 보살들도 함께 왕생을 원하는 것이다. 하물며 옛날이나 지금이나 극락세계에 가서 태어난(왕생) 사람들의 전하는 기록이 분명하고 분명하다. 원하노니 여러 염불수행자는 삼가 잘못 알지 말고 열심히 하고 열심히 정진하라.

범어(고대 인도말)의 「아미타」는 우리말로 하면 "무량한 수명" 또는 "무량한 광명"이란 뜻이니 시방 삼세에 제일의 부처님 명호이시다.

처음 수행시절에는 법장비구라 이름하였는데 세자재왕 부처님 앞에서 48원을 발하여 말씀하시기를 "제가 부처가 되었을 때 시방의 무량수 천인과 인민과 작은 미물에 이르기까지도 나의 이름을 생각하며 열 번 부르면 반드시 나의 나라에 태어날 것이다. 이 원이 성취되지 않으면 나는 부처가 되지 않을 것입니다"라고 하셨다.

옛 성인이 말씀하시기를 염불 한 마디에 천마가 가슴을 떨게 하고 그 이름이 저승의 장부에서 지워지고 연꽃이 황금의 연못에서 피어난다고 하셨다.

참법에서 말하기를 자력과 타력이 있는데 자력은 더디고 타력은 빠르다. 바다를 건너려는 사람이 나무를 심어 배를 만든다면 더디다고 하였으니 이것은 자력에 비유한 것이요, 배를 빌려 바다를 건넌다면 빠르다고 하였으니 이것은 부처님의 원력에 비유한 것이다.

또 세간에서 어린아이가 물이나 불의 위험에 빠졌을 때 큰소리로 부르며 절규하면 곧 부모가 소리를 듣고 급히 달려와 구원해 주는 것처럼 사람이 목숨이 다할 때 큰소리로 염불하면 곧 부처님이 신통을 갖추어 결정코 오시어 맞이하게 되는 것이다. 이러한 때문에 부처님의 자비는 부모보다 뛰어나고 중생이 겪는 생사의 고통은 물이나 불의 위험보다 심하다고 하였다.

어떤 사람이 말하기를 자신의 마음이 정토이니 정토에 태어날 것이 없으며 자신의 성품이 미타인데 아미타불을 볼 것이 없다고 하였다. 이 말은 옳은 것 같지만 그릇된 것이다. 저 부처님은 탐념이 없고 성냄이 없으나 나도 탐냄이 없고 성냄이 없는가?

저 부처님은 지옥을 변하게 하여 연꽃으로 만드는 것이 손바닥을 뒤집는 것처럼 쉬운데 나는 곧 업력 때문에 항상 스스로 지옥에 떨어질까 두려워하는데 하물며 지옥을 변하게 하여 연꽃으로 만들 수 있겠는가?
저 부처님은 다함없는 세계를 보는 것이 눈 앞에 있는 것처럼 보시는데 나는 담 너머 일도 알지 못하거늘 하물며 시방세계를 눈 앞처럼 볼 수 있단 말인가?
이러한 때문에 사람마다 성품은 부처님과 다를 바 없지만 행동에 있어서는 중생은 그 모양과 작용을 말한다면 하늘과 땅만큼 차이가 벌어지는 것이다.

규봉선사가 말씀하시기를 설사 실제로 몰록 깨달았다 하더라도 결국 점차로 닦아야 한다고 하셨으니 진실로 옳은 말씀이다.

스스로 생각하는 사람이라면 어찌 자연히 알 것이 아닌가, 사람이 목숨이 다하여 생사의 고통이 일어나는 때에 반드시 자유자재를 얻어야 하느니라, 그렇지 않은가, 만약 그렇지 않다면 한 때의 배짱으로 영원히 악도에 떨어지지 말라.

마명과 용수는 다 조사이지만 모두 분명히 가르침을 펴서 깊이 왕생을 권하거늘 나는 어떤 사람이길래 왕생을 바라지 않겠는가?

부처님이 말씀하시기를 서방정토가 이곳에서 멀리 있으니 십만팔천리라 하셨다. 이것은 우둔한 근기를 위하여 현실을 말한 것이다.

또 서방은 여기서 멀지 않으니 마음이 부처이기 때문이라 하셨다. 이것은 영리한 근기를 위하여 성품을 두고 말한 것이다.

가르침에는 방편과 실상이 있고 말씀에는 드러냄과 비밀한 뜻이 있다. 만약에 앎과 행이 상응한다면 멀고 가까운 것이 모두 함께 통하게 될 것이다.

그러므로 조사의 문하에도 역시 아미타불을 부르는 자가 있었고 주인공을 부르는 자가 있었다.

〈선가귀감〉
1579년 초판간행

3. 현씨의 신심과 염불

조선중기 명연스님의 《염불보권문》에 이렇게 기록하였다.

경상좌도 밀양에 사는 성은 현(玄)씨요 불명은 본원(本願)이라는 사람이 있었다.

기사년 12월 어느 날 마침 가사 화주를 하는 스님이 있어서 시주를 청하므로 홀연히 신심을 내어 시주를 하게 되었다.

그날 밤 삼경(11시~1시 사이)에 스스로 자기 입으로 염불이 나와 일상의 업으로 삼게 되었다. 추우나 더우나 가며오며 낮과 밤이 길고 짧은지도 도무지 알지 못하고 큰소리로 염불하였다. 하루 밤낮으로 3만번씩 하여 36개월이 차게 되는 신미년 12월 24일 삼경에 염불로써 독송을 하고 있었다. 이 때 서쪽으로부터 오색의 상서로운 구름이 다가와 한가로이 날리면서 가까이로 다가왔다.

악기소리가 한가히 들려오고 묘한 누각 가운데 세 송이의 꽃이 있었다. 꽃 위에는 세 부처님이 계시는데 앉아 있었다. 현씨가 부처님을 바라보자 부처님이 말씀하시기를 "너가 염불하기를 삼년을 채우고 발원하여 부처님 보기를 간절히 원하므로 앞에 나타나 너를 위하여 참회하고 말하노라. 스승을 정하여 참회하고 출가하여 산으로 들어가라, 너의 자손과 밭과 땅과 재물이 태산같지만 모두가 허망한 것이다." 하셨다.

현씨는 그 말씀을 듣고 잊어버리지 않고 믿고 받들어 행하여 계를 닦은 지 27년이 되었다. 이와 같이 염불하는 사이에 25번이나 부처님을 뵙고 법문을 들었다.

하루 저녁에 서쪽을 향하여 예불하기를 50배를 하며 일념으로 항상 염불하는데 있었다. 다른 사람들도 함께 염불하게 되었고 재가자들도 하룻 동안 출가입산하여 초당에 머물면서 향을 사르고 연비를 하고 더욱 열심히 염불하면서 부처님의 원력으로 극락국토에 왕생하기를 서원하였다.

현씨는 목숨을 마치는 때에 자손들을 모아 놓고 유언으로 말하기를 "목숨이 오늘 밖에 없으니 너희들은 모두 나의 말을 들어라, 나를 화장한 후에 염불보권문을 발행하여 일체 만인을 극락국토로 인도하여라. 나는 지금 부처님의 원력으로 마음이 즐거우니 돌아가련다."하시니 앞에 나타나신 아미타부처님이 말씀하시기를 "너희들 대중은 여러 경전의 부처님과 조사의 말씀을 믿고 들어라, 무수한 방편을 설하셨느니라, 이러한 때문에 상근기와 중근기는 계법(戒法)과 상법(像法:계법 비슷함)이 견고하여 득도하지만 하근기의 말세에는 여러 문이 열려 있거나 혹은 닫혀있는 것이니라. 말세에 고통과 번뇌로부터 벗어나고자 하는 사람들을 위하여 설하노라. 이 시대에 일어나야 할 가장 적당한 수행은 정토문이니 왕생을 구하여 염불하는 사람은 누구든지 극락세계에 왕생할 것이니라."하셨다.

이러한 때문에 특별히 막내아들 각성에게 말하기를 "너희들은 이미 입산하여 불도를 위하여야 할 것이니 재물을 내어 판을 새겨 《보권문》을 발행하여 일체 노소남여 등에게 아미타불을 염할 것을 권하여라. 매일 이른 아침에 서쪽을 향하여 예불 삼배씩을 하고 다음에 40번씩 염불하는 자는 나의 국토 연꽃 가운데 모두가 태어날 것이니라."하셨다. 각성은 어머니 현씨의 말씀을 듣고 받들어 봉행하여 《보권문》을 새로이 새겨 합천 해인사 장경각에 유치하였다. 현씨는 73세에 왕생극락하였다.

〈염불보권문〉 국립도서관 소장본

4. 묘련법사(妙蓮法社)의 관세음보살 강림설법

1872년부터 1875년까지 4년간 경성(서울)의 거사들이 묘련법사라는 단체를 조직하여 염불정진 하였는데 그 때 신기한 일들이 일어났다.

염불정진하는 동안 홀연히 관세음보살을 감응하게 되어 응당히 붓을 내려 자세하게 법을 설한 것을 글로 적었으니 이름하여 제중감로(濟衆甘露)라 하였다.

관세음보살이 묘하게 응하여 나타내보이신 제중감로연기에 의하면 이러하다. 임신년 겨울인 11월 묘련법사의 도반 모두가 정진하기로 하고 삼각산의 감로암에 모여 오직 보살의 명호를 염하면서 상서로운 감응을 기원하였는데 드디어 감응하여 시현하였다. 엄연히 법석에 강림하시어 감로법주라고 명하면서 고해자우품(苦海慈雨品)을 널리 설하셨다.

다음 해인 계유년 봄에 다시 감로암에 모였을 때는 십종원신품(十種圓信品)을 설하시고 그 해 가을 해인장자의 집에서는 보광연화품(普光蓮花品)을 설하셨다. 그 해 겨울 담연단(湛然壇)에서는 일체원통품(一切圓通品)을 설하시고 보련정실에서는 여시게찬품(如是偈讚品)을 설하셨다.

갑술년 봄에 감로암에서 다시 모였을 때는 묘현수기품(妙現授記品)을 설하셨고 그 해 여름 여시관에서는 반본환원품(反本還源品)을 설하시고 그 해 가을 삼성암에서는 무량방편품(無量方便品)을 설하셨다.

을해년 봄에는 진국사에서 불가사의품(不可思議品)을 설하시고 담연단에서 재차 모였을 때는 전불가설품(轉不可說品)을 설하셨고 그 해 여름 여시관에서 재차 모였을 때는 정품(定品)이라고 명명하였다.

자세히 자비스런 뜻을 잇게되니 무릇 4년을 열람한 것이 7처에서 단을 열어 11회 운집한 것이 1부 전체의 경을 이루었다. 삼년을 지내고 정축년 겨울 교정을 보아 유통하게 되었다.

5. 미타계, 염불회등이 성행하다

　원래 큰 사찰에는 왕가(王家)에서 논밭을 하사하였으나 뒤에 점점 빼앗기다가 현종때(1659-1674) 와서는 마침내 전부 빼앗기게 되고 말았다. 그 후 다시 논밭을 받은 사찰로 석왕사 용주사 법주사 등이 있기는 하나 대부분의 일반사찰은 그 경제 일체를 그 사찰에 적을 두고 있는 승려들이 스스로 부담하였다. 즉 가람수리 산림보호 도로수리 법회의식 손님접대 내지 인정물(人情物)등 사찰의 대소에 따라 그 비용의 명목도 적지 않았다.
　그러면 이러한 경비는 대체 무엇으로 나오는가. 승려가 사찰에 봉납하는 전답과 신도들의 희사 외에는 아무것도 없다. 그러나 신도의 희사란 것도 불법이 쇠퇴한 조선에서는 실상 보잘것이 없는 것이다. 그리고 가지 가지의 기도 천도공양을 하기 위해 신도가 가져오는 금액 중에서 조금씩 남겨 사찰 수입을 만들기도 한다.
　그러나 경성부근의 사찰은 궁정과의 관계가 밀접

해서 궁인의 대기도 가 있을 때면 한 번에 500원 이상이 될 때도 있는만큼 사찰경제를 전적으로 여기에 의존하고 있는 경우도 있다. 또 범어사 통도사 석왕사 은진관촉사 등의 수계법회라든가 사리탑 공양법요 등 재일에는 선남선녀 특히 선녀가 끊이지 않고 참례하여 각각 얼마씩의 회사를 하는 사찰도 없지는 않지만 그것은 오히려 드문일이다.

한편 승려가 사찰에 봉납하는 전답에는 불공전(佛供田) 제위전(祭位田) 계전(契田)의 3종이 있다. 불공전이란 승려가 사망할 때 유산 중의 얼마간을 봉납하여 사찰의 불공양비에 충당케 하는 것이다. 제위전이란 사후의 명복을 위하여 사찰에 기부한 것이며, 계전은 사찰의 승려가 동갑계를 조직하여 계전을 모아 사찰을 위해 전답을 구매하여 기부한 것이다.

이 밖에 염불계 같은 것도 있는데 이는 속인 신도 또는 승속이 힘을 합하여 계를 조직 계전(契田)을 사들여 염불당의 유지비로 충당하는 것이다. 근래에는 사찰부근의 촌민들에게 사찰소유의 산에 입산을 허락하고 그 입산세를 징수하는 예도 있다. 요컨데 사찰의 경제는 그 사찰에 적을 두고 있는 승려의 수가 많을수록 기부금도 증가되어 재정이 풍부하게 된다. 그리고 다수의 승려들이 모여 살게 되면 자연 기강이 정비되어 강력한 사회를 조직할 수 있는 까닭에 생활상의 편리도 가져오게 되므로 그들은 자연 모여 사는 생활을 좋아하게 된다는 것이다.

이리하여 통도사 범어사 해인사 석왕사 건봉사 유림사 송광사 월정사 등은 일본에서 볼 수 없는 다수의 대중을 포유하는 부유한 사찰이 되었다. 통도사 범어사 해인사는 보통 대중이 200명이 넘고 그 이하의 여러 사찰에도 100명 혹은 50명은 되었다.

범어사 통도사 같은 데는 추수 200석을 초과하여 그 실력은 한 도의 쌀값을 움직일만 했다. 결국 조선 사찰은 그 제도가 저절로 치부할 수 있도록 되어 있기 때문에 해가 감에 따라 부는 더욱 늘고 따라서 승려수도 많아져 심산대곡 안에서 별로 세간의 생활난에 구애를 받지 않는 한 개의 특수사회를 이루게 되었다.

(조선불교)

6. 범어사 미타계와 만일회

내원암 미타계(1875년 5월)

범어사 우화대사(雨華大師)가 초년에는 세상일에 바빠 분주하다가 나이 50에 이르러 발심하여 만일회를 본사 해행당에 시설하여 계원을 모집하여 매월 15일, 동지, 불탄일에 아미타불께 공양함으로써 만년 귀의의 대사를 만들었다.

어느날 대중이 금세의 만일회는 대개 한가하고 조용한 곳에 있는데 우리는 너무 번화한 곳에 있어서 상근대지(上根大智)가 아닌 우리로서는 적당치 않다 하여 대사가 내원암으로 옮겼다. 이 때 김열화보살이 화주를 하여 시주자들로부터 수백전을 화주하였다.

극락암 만일회(1905년)

범어사 극락암에서 1905년 8월에는 만일회에 시주한 사람들의 공덕을 새긴 헌 납기를 작성하였다.

특히 범어사에는 예로부터 여러 가지 계가 있어서 혹은 친목을 도모하여 혹은 사찰의 보수를 위해 재산을 축적하고 있었다. 재산 축적은 계전을 모아 이것을 승속간에 대부한 다음 연리 3푼씩을 징수함으로써 이루어졌다. 각종 계로서는 갑계 어산계 미타계 지장계 열반계 성도계 칠성계 누룩계 등이다.

7. 경성(서울)지역의 만일회

고양군 흥국사 만일회(1904년 11월)

한미산 흥국사 만일회비기의 내용이다.

고종 갑진년 11월 단월이 열 가지 원을 세워 만일회를 창설했다. 만일회라는 것은 백련사(白蓮社)의 다른 이름이다. 살피건데 30년 염불회는 향화의 인연이다. 대중이 혜월공을 선출하여 연사(蓮社)의 화주가 되었다. 다음 해는 진관사 해송공을 맞아 연사의 화주로 모셨다. 생각컨데 해송공이 청중과 더불어 연사를 체결하여 이끌어 오니 26년 심안이 부동하여 함께 부처님의 명호(나무아미타불)를 염송하니 몇 만 편인지 알 수 없다. 깊이 불법의 바다에 들어가니 과(果)가 경에서 설한 바와 같았다.

화계사 만일염불회(1910년 12월)창설

경술년 겨울인 11월 월해화상(越海和尙)이 주관하

여 뜻을 함께한 월초(月招) 포응(抱應) 동화(東化) 제공(諸公)이 협력하여 화엄산림(華嚴山林)을 하기로 의논하고 각자가 힘을 따라 혹은 재물을 내고 혹은 시주자를 모집했다. 팔공산(八公山) 동화사(東華寺) 월제화상(越薺和尙)이 회주(會主)에게 80권 화엄경(八十券華嚴) 일부(一部)를 가져와 초하루부터 열흘 동안 밤낮으로 강설하여 환희에 찬 회향을 하였으니 실로 말세중에 드문 일이었다.

원유화상(爰有和尙)은 호(號)가 월명(越溟)이다. 어려서 머리를 깎고 입산하여 염불(念佛)로서 근본을 삼고 정토(淨土)에 태어나기를 구하길 50년이었다. 홀연히 금년 겨울 병고가 들어 사대(四大)가 온전치 못하므로 스스로 목숨이 오래가지 않을 것임을 알고 한날 저녁 월해화상(越海和尙)을 불러 말하였다.

"스님과 나는 승가의 형제이니 나의 뒷일을 어찌 말하지 않겠습니까. 본인이 금년에 70살인데 병으로 누워 일어나지 못하니 명(命)이 다한것 같습니다. 평생 수용하고 있는 논이 양양(襄陽)에 있는데 몇 백 두락에 지나지 않습니다. 그러나 이것은 승속간에 남겨온 재물이 아니라 본인이 입산 후에 빈손으로 이루어 근근히 생계를 도와 온 물건입니다. 어떻게 하면 옳겠오" 하였다.

월해화상(越海和尙)이 말씀을 듣고 있을 때 회주

(會主) 월제화주(月薺化主), 월초(月初) 포응(抱應) 동화제공(東化諸公) 스님이 역시 한자리에 있다가 이구동성으로 말했다.

"스님이 예로부터 염불(念佛)로써 날마다 공부의 업(業)을 삼았으니 만일염불인(萬日念佛人)들의 월료(月料)에 쓰인다면 곧 비록 천만년에 이르러도 염불(念佛)의 금고(金鼓) 소리가 도량에 그치질 않을 것입니다. 단지 만인에 염불을 권할 뿐 아니라, 역시 화상의 몫은 비록 서방으로 돌아가지만 이름은 본산(本山)에 머물러 가히 흐르는 향기가 백세(百世)에 이른다 할만하니 어찌 이 세간의 일대사인연(一大事因緣)이 아니겠습니까, 그렇지 않다면 곧 사람은 황천에 가고 재물은 허무로 돌아갈 것이니 원컨데 화상은 깊이 살펴주소서" 라고하니, 이에 화상이 크게 깨우쳐 논 문서를 사중(寺中)에 송두리째 드렸으니 헌신짝을 버리는 것 같았다.

만약 숙세에 선근의 깊고 두터움을 심은 것이 아니라면 평생 사랑하고 아끼던 재물을 일시에 헌납하는 것이 그 어찌 이와 같겠는가(하략) 석존강탄후 2937년 경술(음) 十二月 大功德主 金越溟 畓二百七十斗落 萬日會, 沓 十六斗落 祭位

〈화계사 현판〉

봉원사 만일회(1912년 2월)

경성의 서대문 밖 봉원사 이보담(李寶潭)스님은 당사에 만일회를 개설하여 사찰 안의 중년 이상의 승려로 하여금 모두 염불정진에 종사케 함.(불교월보 2호)

개운사 만일회(1912년 4월)

경성 개운사 이보련행 보살이 만일회를 창설하였고 지금도 그의 공덕비가 세워져있다.

건봉사 만일염불회

제1차

서기 758년(경덕왕 17년)에 발징화상이 신도 정신, 양순 등과 함께 최초로 만일염불회를 개설하여 염불정진하였는데 이것이 만일염불회의 효시이다.

이 결사에는 승려 31인과 1820인 참여하여 염불정진한 후 서기 787년에 회향하였다. 그 결과 참여한 대중 가운데 염불하던 스님 31

인이 아미타불의 가피력으로 극락에 왕생하였다. 그 뒤 참여했던 신도들이 차례로 극락왕생하였다고 한다.

(신라시대 염불수행에 수록)

제2차 서기 1802년(순조 2년)

제3차 서기 1851년(철종 2년)

제4차 서기 1881년 만화관준 스님을 회주로 하여 결성, 1908년 회향

제5차 서기 1908년 금암의훈 스님을 회주로 제5차 염불만일회 개설

제6차 서기 1998년 8월 6일 입재하여 서기 2025년 12월 21일 회향할 예정.

8. 한용운, 가짜 염불을 경고함

1913년 5월 25일 백담사 만해 한용운스님은 불교유신론에서 가염불당(假念佛堂)의 폐지를 역설하였다.

지금 말하는 것은 중생의 가염불(假念佛)을 폐기하고 진염불(眞念佛)을 위하고자 하는 것이다. 가염불(假念佛)이라는 것은 무엇인가. 지금의 염불을 말하는 것이니 부처님의 명호를 부르는 것이오. 진염불(眞念佛)이라는 것은 무엇인가. 부처님의 마음을 염하여 나도 역시 그런 마음을 갖고 부처님의 교학을 염(念)하여 나도 역시 그것을 배우고, 부처님의 행(行)을 염(念)하여 나도 역시 그것을 행하여 비록 일어 일묵 일정 일동(一語 一默 一靜 一動)이라도 그것을 항상 염하여 그 진가권실(眞假權實)을 택하여 내가 거기에 실답게 있다면 이것이 진염불(眞念佛)이다.

대저 사람들의 참되지 못한 염불(念佛)을 두려워하여 그것을 폐지 하고자 하는 것은 가염불(假念佛)의 모임일 뿐이다. 동일한 불성(佛性)의 엄연한 칠척(七 尺)으로 밝은 대낮, 맑은 하늘 가운데 모여 앉아서 북가죽을 두드리고 동전조각을 잡고 놀면서 무의미한 소리로 구몽일각중(九夢一覺中)에서 응낙하지 않는 명호를 부르니 과연 어찌된 것인가.

이를 보건데 염불(念佛)하는 것이 그 폐단이 어떠한가. 무슨 일을 막론하고 마음으로서 염(念)하는 자는 대저 인품으로서 알수 있을 것이나 천하에 어찌 소리로써 염하는 자에 있어서랴. 만일 진염불자(眞念佛者)일진대는 농업 공업 상업 어디에도 복무하며 무슨 일을 하더라도 모두가 염불을 가히 행할 수 있을 것이니 반드시 당상(堂上)에 모여 앉아 저렇게 소리의 기계가 있은 연후에 비로소 가능한 것이 아니다.

누가 만일 가염불(假念佛)을 폐지하면 사람과 더불어 재물에 백 가지가 이익되고 한 가지의 손해도 없을 것이다. 범부와 성인이 서로 통하고 용과 뱀이 혼잡함이라. 불문(佛門)이 광대하여 이렇게 단단하고도 부드러운 것이다. 비록 그렇지만 권(權)으로서 중도(中道)를 얻지 못하면 가히 할만한 교(敎)가 아니오가(假)로서 때를 만나지 못하면 가히 할만한 교(敎)가 아닐 것이다. 군왕이 비단옷을 좋아하니 궁중에 굶어 죽는자가 많고 장안에서 벼슬을 좋아하니 지방도 마찬가지이다. 불교의 많은 방편에 말세의 폐단이 여기서 극에 달했도다. 슬프도다! 의사의 문전에 환자가 많고 관을 만드는 곳에 발길이 한가한 것이지만 나와 중생이 오히려 번성함을 걱정하는데 부처님은 대자비 하시니 어떻게 생각하실런지.

염불당 폐지를 결의함(1913년)

조선의 불교는 선교(禪敎)명의가 분명한 고로 간성군 건봉사를 제외한 외에는 각 본말사에 있는 염불당은 선당(禪堂)명의로 일체 변경하기로 결의함. 그리하여 1913년 2월 순천 선암사의 염불당을 선실로 변경하는 등 각 사찰의 염불당이 폐지되게 되었다.

9. 통도사 염불만일회

통도사(通度寺) 극락암(極樂庵)에서 양로염불만일회(養老念佛萬日會) 조직됨 (발기인 朴幻潭 외 50인. 化主 金鏡峰, 金龍惺, 鄭普雨등 3인) (1915년 10월)

양로염불만일회(養老念佛萬日會) 취지서(趣旨書)

어떤 사람이 고덕(古德)에게 묻되 "극락세계가 하필 서방이 있습니까."

고덕(古德)이 말하되 "극락세계가 동방에 있다하였던들 군(君)은 극락세계가 하필 동방에 있습니까 다시 물으리라" 하였으나 서방이 사시(四時)에 가을이 되고 일일(一日)에 저녁이 되니 물(物)이 노(老)하여 생기가 없어 죽게되고 해가 기울어 유유히 오므라드는 방소인즉 늙어 죽는 자를 접인하시려는 본원력으로 변화로 장엄됨이 의심이 없도다.

늙어 죽는 자만 접인하고 젊은 사람은 접인치 않느냐고 혹 묻는 자가 있을찌나 어떤 생물이 죽지 않으며 어떤 사람이 늙지 않겠는가. 사람의 처음 태어나던 제일 찰나 보다 제이 찰나는 이미 늙고 제삼 찰나는 더욱 늙어 날마다 변하고 달마다 달라져서 걸음 걸음이 죽음으로 나아가고 해가 떠오르면 제일 초분보다 제이 초분이 이미 늦고 제삼 초분이 다시 늦어서 각이 옮고 시가 옮기므로 생각 생각이 회향하나니 이와 같이 관(觀)을 지으면 인시(寅時)가 어둡지 않은 것 아니오, 젊은이가 늙지 않은 것이 아닌 즉 비록 일찍 죽어도 노인이라 말하지 아니치 못할 이로다.

그러하나 관찰이 지둔한 육안중생(肉眼衆生)은 닭이 홰에 오르고 기러기가 나무숲으로 돌아가며 밝은 달이 휘영청 떠올라서야 비로소 밤인줄 알며 머리털이 성성하고 치아가 모자라며 기력이 쇠미하여서 비로소 늙음을 지각하는도다.

때문에 아침부터 오후까지는 한가하게 방일하다가 저녁 무렵이 된 후에야 동작이 조급해지고 젊은 소장시절에는 심력을 기울여 분주하다가 늙은 후에야 고생스러움을 느끼기 시작하나니 저들의 중생을 접인하기 위하여는 극락세계가 늙고 또한 어둠에 상당한 서방에 있지 아니치 못하리로다.

사궁(四窮 : 늙은 홀아비, 늙은 홀어미, 부모없는 아이, 자식없는 늙은이)에 홀아비 홀어미 외로운 사람이 모두 노약자이며 사고(四苦)에 노병사(老病死)가 모두 애달픈 모습인즉 어진 정치로써 외로운 사람들을 구제함에 노약자를 먼저 베풀지 아니치 못하며 극락세계로써 고통을 구제함에 노약자를 먼저 권장치 아니치 못하는 것은 주리고 목마름에 음식이 쉽게 달콤하며 늙고 병듦에 믿음이 쉽게 발동하는 때문이라.

금번에 뜻있는 사람들의 발기로 염불회(念佛會)를 조직하니 그 존재는 만일(萬日)로 기약하게 됨이오 그 목적은 양로(養老)로 그 주(主)를 삼으리라. 마을의 나이 많은 노인들에게 받들어 권하노니 지는 해가 매달린 북과 같음을 관하라. 얼마있지 않아 그 그림자가 서천(西天)의 못에 없어지며 왼쪽에는 수양버들이 돋아남을 생각하라.

몇일 있지 않아서 그 몸이 진흙으로 변하리니 이러한 때로서 신념을 발하지 아니하면 어느 때를 다시 기다리며 이 모임에서 수승한 인연을 맺지 못하면 좋은 모임을 다시 만나기 어려우리라. 어찌 돌아가지 않으리오. 아름다운 구품의 연꽃은 봉우리마다 미소를 머금고 있는데, 어찌 왕생하지 않겠는가.

많고 많은 대해의 중생들은 영겁에 모두 환희하리라. 그 기한이 장구하니 광겁에 만나기 어려운 만일(萬日)의 결사(結社)요 간단하고 쉽고 수승하니 뭇 고통 해탈하는 육자(六字)의 불명(佛名)을 염(念)하는 것이니라. 뒤에는 규칙을 열거하여 결사의 인연을 원하노이다.

(大正 4년10월 發起人 金九河, 金鏡峯, 金包光 등 51명)

養老 念佛會의 規則

제1조 본회의 명칭은 養老念佛萬日會라 하고 위치는 양산군 통도사 극락암에 정함
제2조 본회 主旨는 道俗을 일치하여 빈궁 고독인으로써 청정심을 발하여 불교를 성심으로 신앙하며 신심이 견고하고 원력이 광대한 자를 운집하고 念佛修心으로써 見性成佛하여 廣度衆生하기를 목적함.
제3조 본회의 기한은 萬日로 정하되 此를 10기로 분하여 1기를 3개년으로 개정함.
제4조 본회의 회원은 좌의 3종으로 정함.
  1) 보통회원
    본회 기한에 매년 白米 1두씩 납입하여 본회를 유지케하는 자로함. 단, 1회에 전부 납입하는 자는 金20원으로 정함.
  2) 특별회원
    金30원 이상으로 납입하여 본회를 유지케하는 자로 함.

3) 結緣 同參會員

金1원 이상을 損助하여 본회를 유지케하는 자로 함.

제5조 본 회원은 좌와 如한 권리와 의무가 有함

1) 본 회원은 임원의 선거와 피선거권이 有 하며 회무를 처 리할 權이 有함. 단, 결연동참회원은 此한에 부재함.

2) 회금의 납부를 準備勿帶하는 의무.

3) 佛敎사업을 찬조하여 증진케하는 의무.

4) 주소를 변경커나 사고가 有한 時는 회중에 신속히 통지 하는 의무.

5) 본 회원은 본회 규칙에 복종할 의무.

제6조 본회의 목적을 달하기 위하여 內護法班과 外護法班을 置하고 좌의 임원을 배정하여 임무를 분장함.

內護法班

1) 회주(會主)1인, 본회의 기강숙정과 일체 회무를 총괄함.

2) 입승(入繩)1인, 수행대중을 지휘 총괄함.

3) 부전(副殿)1인, 佛供 및 侍佛에 집무함.

4) 병법(秉法)1인, 법요집행과 施食 담임.

5) 종두(鐘頭)2인, 입승을 보좌하여 법회시에

일반준비를 담임.

6) 시자(侍者)1인, 회주화상을 시봉,

7) 간병(看病)1인, 공부하는 대중이 有病時는 성심으로 此를 간호함.

8) 지빈(知賓)1인, 빈객 영송과 應接等事에 집무함.

9) 정통(淨桶)2인, 매월 3.8일에 대중의 浴水를 준비함.

10) 정두(淨頭)2인, 매월 3.6일에 대중의 의복세탁물을 준비함.

11) 체두(剃頭)2인, 매월 초3일에 대중의 이발 담당.

12) 마호(磨糊)1인, 大衆所用의 造糊를 담임.

13) 봉다(奉茶)1인, 매일 3회씩 대중 供茶에 집무함.

外護法班

14) 화주(化主)약간, 본회의 재정처리와 유지에 관한 일체사를 掌理함.

15) 원주(院主)1인, 회주를 보좌하여 治山에 관한 일체사를掌理함.

16) 별좌(別座)1인, 원주를 보좌, 회무에 종사함.

17) 미감(米監)1인, 대중을 상찰하여 供米收入 支出 등을 감독함.
18) 서기(書記)1인, 會中 일체 文簿를 掌理함.
19) 원두(園頭)1인, 菜田에 耕種培養과 山菜取
20) 공사(供司)1인, 대중 炊飯에 종사.
21) 채공(菜供)1인, 찬수 요리를 담당.
22) 부목(負木)1인, 柴木 공급을 담임.

제7조 본회가 확장되어 유지가 풍족할 시는 회원의 지원에 의하여 參禪會를 증설함도 得함.

제8조 본회 회원 중 若死者가 有할 시는 본회에서 49재를 設行하여 영혼을 천도함. 단, 결연동참 회원은 此에 부재함.

제9조 본회의 主旨를 達하기 위하여 좌의 조항을 정함.

1) 매월 초1일에 설법회를 개최함.
2) 平時에는 묵언을 시행함. 단 외호법반은 此限에 부재함.
3) 외호법반 이외는 무고히 洞口에 출입을 부득함.
4) 도량내에 五辛菜와 酒肉을 엄금함.

세 칙

제1조 본회에 입방하여 공부코자 하는 자는 청원서

에 호적과 승적초본을 첨부하여 제출, 본 회 승낙서를 수득한 후에 안거케함.

제2조 본회에 입방 수행자는 승려는 十戒, 比丘戒, 보살계를 수지하기로 정하고 거사는 五戒와 보살계를 수지키로 정함.

제3조 결제 중에 梵行이 불결하거나 정진이 나태하여 회규를 不尊하고 회중을 문란케 하는자는 출송케 함.

제4조 수행인 중 私財糧途가 有한자는 매월 糧米 二斗(小斗)씩 납입키로 함.

제5조 결제 중 些小犯戒者는 회주화상이 경중에 의하여 此를 징계함.

제6조 본회는 정기총회, 임시총회, 2종으로 하되 정기총회는 매년 음4월 10일로 정하고 임시 총회는 필요로 認하는 시에 회주가 此를 소집함.

제7조 본칙에 명문이 無한 조건은 회원총회 또는 역원회의 결의로써 실행함을 득함.

10. 해인사 만일염불회

주춤하던 염불회는 1924년 김천 직지사 윤퇴운화주가 서전암에 염불회를 시설하면서부터 해인사 등에서 대규모 염불회를 결성하였다.

해인사 원당암 만일염불회 창설(1925년 1월)
 당내 산내 말사인 원당암은 본래 염불업을 전수한 도량이더니 10여년간 염불업을 폐하고 본 즉 산사가 적막함을 개탄하고 1925년 1월부터 만일염불회를 설립했는데 당사의 스님 정긍담화상은 금250원을 당 염불회에 납입했다 〈불교 29초〉

 해인사 만일염불회 취지문

 우리의 생이 백년이라 할지라도 그 경과는 꿈의 일장이다. 목숨이랄것 없으며 그 주위는 고통이 만반이라 약이란 없도다. 한조각 꿈을 떠나서 장수하기를 뉘아니 빌며 뭇고통을 없애고 묘락(妙樂)받기를 뉘아니 원하랴만, 나루를 건너는 길을 미혹하여 취하지 못하는 자 세상에 많고도 많을새 그 대중을 인도하여 장수를 누리는 지역과 낙원으로 나란히 나아가게 하자는 취지에서 해인사의 만일염불회가 설립되는도다.

예서부터 서방으로 10만억 국토를 지나서 아미타불의 정토가 있으니 국명은 극락이요 불의 명호는 무량수라. 누구나 그 국토에 왕생하면 고통이 없이 즐거움만 받고 불타와 함께 장수하나니 적은 선근복덕으로 왕생하기 어렵지만 아미타불 인행시(因行時)에 광대 발원하신 중 "만일 어떤 중생이나 내 명호를 부르는 자는 내 국토에 와서 태어나라"는 본원력이 있기 때문에 어떤 사람을 막론하고 1일 2일 내지 7일까지 일심불란하고 칭명염불(稱名念佛)하면 즉득 왕생한다 하였다. 이는 망어아닌 경전 중에 명문이 소연하니 기필치 못할 티끌세간의 부귀영화도 일생의 심력을 다하여 구하기에 노력을 마지 않거든 단기의 1일만 일심을 전념하면 영원한 장수와 무상한 극락을 받는 대이익을 어찌 하지 아니하랴.

그러나 진노(塵勞)에 오랫동안 물든 우리의 심식이라. 7일의 단기로는 전일하기 어려우며 여간의 소선근복덕으로는 결정왕생할 수 없으므로 만일의 장기를 정하여 선신인(善身人)의 정토연을 권하오니 둔근

(鈍根)이면 육자 고성으로 만일정진(萬日精進)이요 상기(上機)이면 일심불란으로 7일 성취라.

  이 세계가 고(苦)뿐이요 나의 생이 장수없음을 각성하신 이는 이 때와 이 도를 가볍게 넘기지 못하리니 티끌같은 연(緣)들을 몰록 버리고 정업을 열심히 닦아서 한 줄기 연꽃에 의지하여 태어나 만겁토록 화목하사이다. 나무아미타불

11. 선(禪) 교(敎) 염불(念佛) 3종이 분리되다

　조선후기에 이르러 한국승단에 승려수행은 선, 교, 염불의 3문(三門)이 더욱 뚜렷이 구분되어 상당히 큰 사찰이면 의례이 좌선당(坐禪堂), 염불당(念佛堂), 강당(講堂)의 설비가 있어 각각 감원으로 하여금 이를 관리하게 하였다. 그런데 이 가운데 선승과 염불승은 모두 교를 떠난 무학승으로 밤낮으로 하는 일은 오직 자성을 찾기에 전념하던가 혹은 서방 아미타불의 내영을 기다릴 뿐이다. 다시 말하면 이들은 서산대사의 법궤를 따르지 아니하는 자다. 다만 교승만이 처음부터 교를 가지고 진정지견(眞正知見)을 개오하다가 점차 선방에 들어가 견성공부에 종사함으로써 서산대사의 선교겸수의 종지를 지킨다. 결국 선과 교와의 위치에는 전도가 생겨 교승이 도리어 선승을 무식무학한 승려라고 얕보게 되므로써 조선불교의 명맥은 교승에 의하여 유지되게 된 것이다. 이 시기에 명승으로서 저명한 사람은 대개 교종의 승려였으며 이들은 교에서 선으로 나가는 것을 관례로 하고 있다.

　1월 경성 각황사에서의 본산 주지 회의에서 전형위원회의 신중한 검토 끝에 종단내의 최고의 선임으로서 조선불교 교정 7명을 선정하였는데 이름은 곧 백양사 김환응, 통도사 서해담, 용암사 박한영, 법주사 이용호, 유점사 김동선, 선암사 김경운, 월정사 방한암이었다. 그리고 이 가운데 방한암 스님만이 순수한 선장(禪匠)일 뿐 그 밖의 여섯 스님은 모두 화엄 혹은 율(律)의 교종장이었다. 그리고 염불만일회 중에서 가장 유명했던 것은 금강산 건봉사에 있었던 전후 3회의 대회로서 순조 때 용허(聳虛)노사가 멀리 신라 원성왕(경덕왕으로 밝혀짐)때 발징스님의 제1차를 계승 제2회의 만일회를 열어 꼭 만일을 채웠고 다음은 철종 때 벽오(碧梧)화상이 제3회를 시설 역시 만일로서 회향을 하였다. 1881년에는 만화(萬化)화상이 제4회를 계승하여 1908년 9월에 모두 끝냈다.

(이조불교)

12. 설법도중 나무아미타불을 제창하다

　조선 후기에 설법도중 나무아미타불을 제창하는 관습이 발생되었다. 이것은 용암(龍岩)스님으로부터 창시되었다. 용암(龍岩)의 법명(法名)은 혜언(慧彦)이며 속성(俗姓)은 조(趙)씨이다. 나주인이며 건융(乾隆) 48년(1783) 계묘생이다. 일찍이 율봉화상(栗峯和尚)을 시봉하였고 금강산 유점사에 들어가 백일기도를 했는데 꿈에 만 이천 봉우리가 금련으로 변화하고 율봉화상(栗峯和尚)이 꽃 가운데 앉아 있으면서 사자좌로써 그를 맞이 하였다. 이로 인해 신심이 더욱 견고해졌다. 용암은 또 두 제자가 있었는데 포운윤취(布雲潤聚)와 대운성기(大雲性起)이다. 모두 순천인이다.
　음성의 특징이 있고 범음(염불)이 유창하여 듣는 사람들이 기뻐하였다. 그 스승의 글을 해석하는 법을 크게 날렸고 드디어 제산(諸山)의 설교체제를 성립하였다. 또한 석독 강연하는 때에 매 중요한 구절에서 반드시 나무아미타불을 창하였다. 법회의 청중 역시 모두 창을 따라서 하였는데 하나는 부처님의 명호를 염송하는 것이고 하나는 대중의 혼침을 경책하는 것이었다. 혹 어떤 이는 덕사의 용암화상이 이 방편을 창시한 것이라 하고 금강산의 용암화상을 의심하여 근래에는 그가 아니라는 사람도 있다. 설교와 염불은 각기 그 때가 있는 것이기 때문에 병행하는 것이 불합리 하지만 비록 그렇다해도 이미 관습이 되어버려 마침내 그것을 고치기 어렵게 되었다.

(불교통사)

정목(正牧) 스님

범어사에서 벽파(碧坡)대화상을 은사로 사미계와 구족계를 수지하였다. 쌍계사와 범어사 승가대학을 수료하고 강원 중강을 지낸 후 중앙승가대학을 졸업하였다.

오직 염불수행에 전념하며 현재 광명철학을 바탕으로 염불수행의 이론과 실천체계 확립을 위해 정진하고 있다.

저서로는 《법요집 바라밀》《붓다의 대예언》《광명철학과 염불수행》《정토에 태어나 성불합시다》 등이 있다.

한국의 염불수행

지은이 —— 화산 정목

佛紀 2545年(2001) 7月 20日 初版 1쇄 印刷
佛紀 2545年(2001) 7月 25日 初版 1쇄 發行
佛紀 2553年(2009) 8月 15日 初版 2쇄 發行

펴낸이 —— 이 규 택
펴낸곳 —— **경 서 원**

서울特別市 鐘路區 堅志洞 55-2
登錄 1980.7.22.㈄ 第 1-37 號
☎ 02) 733-3345~6
FAX 722-7787

破本은 바꾸어 드립니다.
ISBN 89-85101-15-3

값 10,000 원